제주의 외출

* 지구를 위해 친환경재생지를 사용합니다.

제주의 외출

초 판 1 쇄 2021년 12월 5일
지 은 이 김형우
펴 낸 곳 하모니북

출판등록 2018년 5월 2일 제 2018-0000-68호
이 메 일 harmony.book1@gmail.com
전화번호 02-2671-5663
팩　　스 02-2671-5662

ISBN 979-11-6747-024-9 03910
ⓒ 김형우, 2021, Printed in Korea

값 17,600원

이 도서의 국립중앙도서관 출판예정도서목록(CIP)은 서지정보유통지원시스템 홈페이지(http://
seoji.nl.go.kr)와 국가자료공동목록시스템(http://www.nl.go.kr/kolisnet)에서 이용하실 수 있
습니다.

색깔 있는 책을 만드는 하모니북에서 늘 함께 할 작가님을 기다립니다.
출간 문의 harmony.book1@gmail.com

제주 의경의 내 고향 탐방기 – 숨은 제주 명소 37곳

제주의 외출

글·사진 김형우

harmonybook

Contents

첫 번째 외출 : 군생활을 시작하며

- 추사관 -

2018년 1월 4일, 군생활이 시작되었다. 그해 겨울은 유난히도 추웠고, 훈련소의 모든 것은 꽁꽁 얼어붙었다. 20대의 초반의 낭만이란 것은 이제 빙하기를 맞이해 멸종되어 버린 듯했고, 추위에 미처 적응하지 못한 훈련병들이 무리 지어 기약 없는 해빙기를 기다릴 뿐이었다.

논산 훈련소 4주 후 제주 경찰학교 3주, 그리고 자대배치 후 한 달. 어느덧 겨울이 지나고 봄이 찾아왔다. 모든 것이 새로 시작하는 봄이라지만, 당시 내게 시작되는 것은 캠퍼스에서의 새 학기가 아닌 20개월의 군생활이었기에, 시작이라는 단어는 설렘보다는 착잡함을 자아낼 뿐이었다. SNS에서는 봄을 즐기는 수백 가지 방법들이 오르내리고 있었지만, 어느 것 하나도 나의 일이 아니었다. 제주도 시골마을 구석진 곳에서 보초를 서고 있는 의무경찰 한 명. 그게 그해 봄 내가 맡은 역할이었다. 아무것도 자랑할 게 없다. 문득 내 존재가 너무나도 초라하게 느껴졌다.

오랜 기다림 끝에 첫 외출이 찾아왔다. 일주일에 한 번 부대 밖으로 나와 사회 공기를 쐬는 시간. 나는 이 시간을 특히 자유롭게 보내고 싶었고, 새삼 의미 있게 쓰고 싶었다. 일주일에 하루씩이라도 초라하지 않은 척 보내고 싶었다. 그렇게 한 주 한 주를 초라하지 않은 척하다 보면 정말로 초라하지 않을 수 있는 시간이 올 것이라는 막연한 기대를 품었다. 정확히 말하자면, 그런 기대를 쥐어 짜냈다.

초라함을 떨쳐내기 위해선 누구보다 특별하게 그 시간을 보내야만 했다. 20개월이라는 시간, 제주도라는 공간 속에서 나만이 만들 수 있는 이야기를 만들어내고자 하였다. 그래서 제주를 돌아다녀 보기로 했다. 이십 년간 모르고 살았던 내 고향의 이야기를 알아보고자 하였고, 사람들이 그렇게 여행하고 싶어 하는 이 섬을 누구보다 구석구석 누비고 다니고 싶었다. 그렇게 지도 앱을 이리저리 확대하며 가볼 만한 곳들을 찾아다녔다. 전역할 때까지 제주도 전역을 모두 둘러보자, 라는 야심찬 목표를 노트 첫 페이지에 적으면서. 그리고 바로 다음 줄에는, 기왕 돌아다닐 거 책까지 써보자는 생각을 자그맣게 적어두었다.

이후의 20개월은 내적 갈등의 연속이었다. '이게 되겠나'하는 의문과 '뭐라도 해야지'하는 다짐이 힘겨루기를 지속하였다. 물론, 나는 어떻게든 다짐에게 유리한 편파판정을 내리려던 심판이었다. 전역이 한참 멀었다는 생각, 군대에서 몸부림치는 건 다 부질없다는 생각이 수시로 부유하였지만, 그런 회의감은 꾹 눌러둔 채 억지로나마 희망을 삼켜보기로 했다. 뭐라도 시도한다면 20개월 후 빛을 발할 것이라는 희망을.

여행기를 목표로 삼으니 가야 할 곳이 너무나도 많았다. 허나 당시의 나는 운전 경력이 전무한 뚜벅이였고, 부대로 돌아오는 길도 헷갈려하는 신병일 뿐이었다. 갓 전입한 이등병이 여행을 다닌답시고 복귀시간을 어길 수는 없는 노릇이니, 일단 부대 주변의 장소들부터 모색해보기로 하였다. 마침 근처의 추사관이란 곳을 발견했다.

추사, 김정희. 역사 교과서에서 심심치 않게 보았던 이름이다. 내 기억 속에서 '제주도 유배'라는 키워드가 떠올랐다. 제주도에서 유배 생활이라니. 제주에서 원치 않은 20개월을 보내게 된 상황에서 왠지 모를 동질감이 느껴졌다. 그 동질감은 묘한 이끌림으로 이어져, 추사관은 나의 제주여행 첫 장소로 낙점되었다.

추사관이 자리 잡은 서귀포시 대정읍 안성리 일대는 대정성지라는 읍성 터인데, 현무암 성벽으로 둘러싸여 있다. 성벽 밖으로는 마늘밭들이 죽 이어져 있어 정겨운 제주 시골의 풍경을 그려내고 있다. 세월의 흔적이 남아있는 시멘트 집들과 작은 가게들을 지나 성벽 안으로 들어서면, 감자창고처럼 생긴 목조 건축물이 눈에 들어온다. 이 건물이 바로 추사관이다.

건축가 승효상 선생이 설계한 추사관 건물은, 추사 김정희의 대표작 '세한도' 그림 속의 집을 본 따 만들었다. 화려하기보다는 절제된 아름다움을 추구한 이 건축물은 시골 마을의 분위기와 대정성지의 풍경

추사관은 세한도 그림 속 집을 본 따 설계되었다.

속에 자연스럽게 녹아들어 있었다. 군더더기 장식 없이 단정하게 세워진 낮은 건물을 보고 있노라니 유배당한 이의 마음에 생겼을 정신적 고요가 느껴지는 듯하다.

추사관 관람은 계단을 따라 지하로 들어가는 것부터 시작한다. 지그재그로 난 계단길을 따라 천천히 걸어 내려간다. 전시실로 들어서니 때마침 해설사분께서 전시 해설을 시작하시던 참이었다. 친절한 설명을 들으며 추사의 생애부터 그의 작품세계까지 차근차근 따라가본다.

추사 김정희는 젊은 시절부터 뛰어난 지식인이었다. 30대에 문과급제 후 벼슬에 나가서도 탄탄대로를 걷던 그였지만, 이후 안동 김씨 가문과의 정쟁에 휘말리게 된다. 그 결과 그의 출세는 꺾이고, 유배 길에 올라 제주에서 약 9년간 유배 생활을 하게 된다. 제주와 같은 섬으로 유배 보내는 것은 당시 가장 가혹한 형벌 중 하나였고, 추사에게는 여기에다가 집 주위에 가시 울타리를 두르고 가둬두는 위리안치형까지 처해졌다. 바로 이 추사관 자리가 추사가 혹독한 유배 생활을 치르던 장소였다.

추사에게 제주에서의 9년은 사회적으로 모든 것을 잃고 육체적으로 고통스러웠던 시간이었지만, 동시에 자신의 예술혼을 치열하게 갈고 닦아낸 시간이기도 하였다. 그는 벼루를 10개나 구멍 내면서 그의 글씨를 갈고 닦았고, 그 결과물이 바로 그 유명한 추사체이다. 유배 이전 추사의 글씨는 다른 명인들의 글씨를 본뜨려 하면서 '기름지다'고 평가되었는데, 처절했던 제주살이를 거치며 그의 글씨에는 기름기가 빠지고 울분과 성찰, 해학이 담긴 독자적인 추사체로 거듭났다고 한다.

추사의 가장 유명한 작품인 세한도 역시 제주 유배 시절에 나왔다. 제자 이상적에 대한 고마움의 표시로 그린 그림인 세한도는 소나무와 잣나무, 그리고 그 사이의 집만으로 간결하게 구성되어 있다. 그림 한편에는 '날이 차가워진 뒤에야 소나무 잣나무의 푸름을 안다.'는 논어의 구절이 적혀있다. 제주 유배 생활이라는 인생의 혹한기를 거치며 그는 새로운 깨달음을 얻게 된 것이다.

전 생애에 걸쳐 끊임없이 쓰고 그려온 추사의 작품들을 지나 한 층을 올라가면, 전시관 정 가운데에 추사의 흉상만이 홀로 놓여 있다.

유배지에서 추사가 느꼈을 쓸쓸함이 느껴지는 듯하면서도, 속세를 떠나 마음을 비워낸 자가 얻게 된 정신적 고요함 역시도 느껴지는 듯하다. 흉상의 시선을 따라가 보면, 건물의 동그란 창을 향하게 된다. 창밖으로는 소나무가 보이고, 햇빛이 들어온다. 세한도의 그림 속으로 들어온 듯하다.

신영복 선생의 책 '감옥으로부터의 사색'에는 다음과 같은 구절이 나온다.

> "한가지 분명한 것이 있다면 그것은, 교도소가 '밑바닥'이라는 사실입니다. … 이처럼 낮고 어두운 밑바닥에서 살아가기 위해서는 여기에 걸맞는 '철학'을 정립하지 않으면 안된다고 믿습니다. … 이러한 자세는 곧 막힌 벽으로부터 시선을 들어 올려 하늘을 바라보게 하는 것이라 믿습니다."

유배지에서의 성찰, 감옥으로부터의 사색. 원치 않게 놓이게 된 제약 속에서 새로운 깨달음에 이르는 것. 제약의 기간이 길면 길수록, 그것은 더욱 치열한 고행을 요할 것이다. 그들의 시간을 떠올리자니 내게 주어진 제약의 시간은 무척이나 소박하게 느껴진다. 그 소박함으로 인해 나의 의지는 더욱 굳건해진다. 딱 20개월, 최선을 다해 정신을 집중하리라고. 멍하니 벽을 보기보단, 목 아플 정도로 하늘만 바라보리라고. 하나의 벼루라도 구멍을 내고 전역해보겠다고. 유배지에서도 명작을 그리고, 감옥에서도 명저를 남기는 와중에, 군대에서 책 한 권 쓰는 게 안 될 게 뭐가 있나.

　이날의 작은 여행은 이후 나의 군생활에 큰 버팀목이 되어주었다. 책을 쓰는 과정에 회의감과 게으름이라는 적들이 나를 방해하려 들 때쯤이면, 추사를 떠올렸다. 내 시간은 소박한 고행일 뿐이라는 생각, 그렇기에 이 정도 고난에 굴복하지 않겠다는 생각을 하며, 꿋꿋이 하늘을 바라보는 것쯤은 해낼 수 있다고 스스로 되뇌었다. 언젠가 내 눈앞에도 소나무의 푸르름이 반짝거릴 날을 기다리면서.

두 번째 외출 : 녹색의 봄

- 오설록 티뮤지엄 -

어릴 적부터 나는 차를 좋아했다. 어린 애에게 그 씁쓸한 맛이 뭐가 좋았을까를 생각해보면, 그게 쓴맛인지도 모르고 그저 음료수의 한 종류로 생각했던 것 같기도 하다. 물론 꼬마 시절 내가 접할 수 있는 차는 마트에 파는 티백 차들이 전부였다. 나는 특히 녹차를 좋아했는데, 어릴 적 먹은 녹차 티백엔 항상 '설록차'라고 쓰여 있었고, 나는 한동안 녹차와 설록차가 동의어인 줄 알고 있었다. 그게 상표 이름이란 것을 안 것은 조금 뒤의 일이고, 제주도에 설록차 밭이 있다는 것을 안 것은 또 그 뒤의 일이다. 그게 오설록 차밭이다.

차밭이라 하면 왠지 산속 깊숙한 곳에 숨어있을 것만 같았는데, 도로변 바로 옆으로 녹색 계단이 광활하게 펼쳐져 있었다. 햇빛을 어디서 먼저 떼어 오는 것인지, 오설록 차밭은 다른 장소에서 움트는 풀잎들보다도 더 선명한 색깔을 내고 있었고, 색깔만으로도 부족했는지 특유의 쌉싸름한 향기마저 분주하게 내뿜고 있었다. 드넓게 펼쳐진 오설록 차밭은 제주여행 필수코스 중 하나라서, 수많은 사람들이 차

오설록의 서광리 차밭은 우리나라에서 가장 광대한 차밭이다.

밭 틈새로 들어가 사진을 찍고 있었다.

차밭 반대편에는 오설록 티 뮤지엄이 있어 차를 테마로 한 다양한 체험을 제공하고 있었다. 뮤지엄에 들어서면 가장 먼저 차를 주제로 한 전시를 볼 수 있다. 차 문화의 역사, 한국의 전통 다구와 세계의 찻잔 등, '차'와 관련한 다양한 이야기들이 전시되어 있는데, 동선이 길지 않아 가벼운 마음으로 둘러볼 수 있다.

차 전시관을 보고 나면 자연스럽게 티 스토어에 다다르게 된다. 오설록에서 판매하는 상품을 진열해놓고 있는데, 생각했던 것보다도 훨씬 많은 종류의 상품들이 판매되고 있었다. 이곳에서는 갓 우려낸 신선한 차를 시음해볼 수도 있다.

스토어 바로 옆은 카페라서, 녹차로 만든 다양한 음료와 디저트들을 맛볼 수 있다. 가장 인기 있는 것은 역시 녹차 아이스크림이다. 어쩌면 순전히 녹차 아이스크림을 먹으려고 오설록을 찾는 관광객도 꽤 있을지도 모르겠다.

카페를 지나 뮤지엄 건물을 나오면, 검은색 벼루처럼 생긴 건물을 볼 수 있는데, 바로 티스톤이다. 사전 예약을 하면 이곳에서 다도 체험을 할 수 있다. 체험은 추사 김정희를 소재로 한 비디오 아트를 감상하며 시작된다. 사실 추사와 제주, 차는 서로 인연이 깊다. 엄청난 차 애호가였던 추사는 제주도에 유배를 와서도 차 사랑을 멈추지 않았고, 당시 차 문화를 주도하던 초의선사에게 제주도로 차를 보내 달라고 부탁했다고도 한다. 지금으로 따지면 고급 원두를 해외에서 직

오설록 티스톤에서는 특별한 티타임을 가질 수 있다.

구해서 먹는 정도의 애호가였던 셈이다.

　미디어아트 감상이 끝나면 다도실의 문이 열리고 본격적으로 다도 수업이 시작된다. 천천히 차를 우려내면서 우리가 마시는 차가 어떻게 만들어지는지에 대한 설명을 들을 수 있다. 30분 남짓한 시간 동안 같은 차를 총 세 번 우려내 마셨는데, 서두름이 없이 잔잔하게 차를 우려내고 있자니 저절로 마음이 평온해진다.

　다도 체험이 끝난 후에는 티스톤의 지하로 내려가 차가 발효되는 숙성창고를 구경해볼 수 있다. 창고 벽면의 글귀에서는 다시 한번 추사가 차 문화를 예찬하고 있었다.

　　'조용한 가운데 혼자 앉아 차를 마심에 그 향기는 처음과 같고 물은 저절로 흐르고 꽃은 저만치 홀로 피니'

조용히 홀로 음미하는 차. 추사는 차를 통해 내면의 세계로 들어가는 경험을 했던 것이 아닐까. 혀끝에 닿은 차는 아름다운 향기를 남기고, 순간 세상의 잡음을 없애주어 있는 그대로의 자연과 그 속에 존재한 자신에게 몰입할 수 있게 된다. 추사에게 다도란 일종의 명상이었을 테고, 차를 음미하는 것은 지혜를 닦는 행위였을 것이다.

그렇지만 추사가 오로지 '지혜'나 '깨달음'만을 위해 차를 마신 건 아니었을 것이다. 나는 추사가 다도를 즐긴 까닭은 그것이 고도의 정신 수행 혹은 철저한 자기관리이기에 앞서, 그에게 차가 맛있었기 때문이라고 생각한다. 다도는 그의 취미였고, 그는 삶의 즐거움을 얻고자 그 취미를 즐기지 않았을까. 지혜와 깨달음은 그 즐거움의 부산물로, 기대하지 않다 받게 된 선물처럼 그에게 주어졌을 것이다.

취미에는 우열이 없다. 차분하게 차를 음미하는 것도, 방구석에서 홀로 영화를 즐기는 것도, 여럿이서 운동장을 뛰어다니는 것도 모두 특별한 취미이다. 구태여 좋은 취미와 좋지 못한 취미를 구분해야 한다면, 그 기준은 '나에게 만족을 줄 수 있는지', 오직 그 하나일 것이다.

척박한 제주 땅에 홀로 유배 온 추사가 다도를 즐긴 이유도 그 때문이지 않았을까. 그가 차를 마신 것은, 고급 찻잎을 구했다고 자랑하기 위함도 아니요, 해박한 지식을 쌓아 남들의 인정을 받기 위한 것도 아니었을 것이다. 그의 주변엔 자랑할 이도, 인정해 줄 이도 없었기에 그의 취미는 온전히 추사 자신의 만족을 위한 것이었다. 자신의 만족을 위한 다도였기에 오히려 그는 더 몰입할 수 있었고, 그 행위에서 깨달음도 얻어갈 수 있었다.

현재 우리는 추사의 시절보다 훨씬 더 많은 취미를 훨씬 더 쉽게 즐길 수 있다. '취미 하나씩은 있어야 한다.'는 생각이 보편적인 시대이다. 그러나 아이러니하게도, 그런 시대 속에서 사람들은 취미를 잃어가고 있다. 우리는 '자랑할 만한 취미', '잘할 수 있는 취미', '생산적인 취미'를 찾느라 골머리를 앓는다. 그러느라 자기만족을 위한 소중한 시간을 잃어버리고 만다. 그러나 추사가 그랬듯, 취미의 기준은 오직 나 자신이다. 나의 즐거움을 위해 취미를 시작하는 것이고, 그럴 때 우리는 그 활동에 몰입할 수 있다. 몰입은 진짜 나를 발견할 수 있게 해준다. 그 발견의 결과가 추사처럼 철학적 깨달음이 될 수도 있지만, 사실 꼭 그럴 필요마저도 없다. 취미에 당위성은 없다. 굳이 당위를 정해야 한다면, 그건 그저 즐겨야 한다는 것뿐이 아닐까. 즐겁다는 감정이 새로운 몰입을 이끌고, 그러한 몰입의 반복을 통해 우리는 스스로에게 만족하는 경험을 누리게 된다. 깨달음, 자기계발, 전문지식…. 이런 것들은 그저 만족의 과정에서 얻게 되는 '기대하지 않던 선물'일 뿐이다. 굳이 마다할 필요도 없고, 동시에 구태여 연연할 필요도 없는 것이다.

구구절절 이유를 찾지 말고, 그냥 하는 것. 취미란 그런 것이 아닐까.

세 번째 외출 : 작은 섬에서 보이는 것

- 가파도 -

제주의 '섬 속의 섬'이라고 하면 우도를 많이 떠올리겠지만, 제주섬 주변으로는 우도뿐만 아니라 비양도, 마라도, 추자도 등 크고 작은 섬들이 여럿 있다. 각각의 섬들이 저마다의 매력을 가지고 있는 가운데, 개인적으로 가장 좋았던 섬을 꼽으라면 바로 가파도다.

매년 4월 열리는 청보리축제 기간 동안, 서귀포시 남서쪽에 있는 운진항은 수많은 관광객으로 북적거린다. 이틀짜리 축제로 시작했던 가파도 청보리 축제는 점차 인기를 얻으며 매해 기간을 늘려나갔고, 이제는 3월 말부터 5월 초까지의 긴 기간 동안 열리고 있다. 이 기간엔 운진항과 가파도를 오가는 배편이 증편되어 보다 수월하게 섬에 출입할 수 있다.

알록달록 장식한 배가 가파도 출입객들을 실어 나른다. 15분 남짓한 항해가 지루하지 않도록 배 안에서는 가파도 소개 영상이 상영되고, 외부 갑판에는 수려한 경치가 마련되어 있다. 생각보다 금세 섬에 도착하니 펄럭이는 축제 깃발이 섬의 활기를 온몸으로 표현하고

가파도 터미널을 시작으로 섬 구석구석에서 가파도 프로젝트를 확인할 수 있다.

있다.

선착장에서 조금 걸어 나와 처음 마주하게 되는 건 '가파도 터미널' 건물이다. 작은 섬의 시골 마을에서는 보기 힘들 법한 세련되고 현대적인 디자인을 가진 이 건물은, 현대카드가 제주도와 손잡고 진행하는 가파도 프로젝트의 일환이다. 가파도 프로젝트는 가파도를 생태적으로도, 경제적으로도 지속 가능한 섬으로 만든다는 목표하에 시작된 프로젝트이다. '지키기 위한 변화'라는 모토에 걸맞게 가파도 프로젝트는 눈에 잘 띄면서도 너무 요란하지 않게 주민들의 삶 속에 자연스럽게 녹아들어 있다.

마음 같아서는 섬 구석구석을 모두 누벼보고 싶었지만, 늘 그렇듯 외출 복귀를 염두에 두어야 했기에 섬을 최대한 빠르게 돌아보고자

가파도 아티스트 인 레지던스(AiR)는 섬의 새로운 상징이 되어가고 있다.

자전거 대여를 하였다. 단돈 5천 원을 주고 빌린 자전거로 신나게 달리며 봄기운을 만끽하였고, 잔잔하게 물결치는 해안가의 풍경을 만끽하였다. 정말 오랜만에 타는 자전거에 아름다운 풍경이 더해지니 벌써 기분이 들뜨게 된다. 중간에 난 골목길을 통해 섬의 중심으로 들어가니, 안내 책자에서 강조하던 소망 전망대가 저 멀리 보인다.

드넓게 펼쳐진 청보리밭과 어김없이 피어있는 유채꽃밭의 사잇길을 지나 소망 전망대에 다다르니, 여기저기 포토존이 눈에 들어온다. 그다지 높지 않은 전망대이지만, 애초에 마을 전체가 평평하고 낮은 건물들로 구성되어 있기에 시야를 방해하는 요소는 없다. 푸른 바닷가와 넓게 펼쳐진 청보리밭, 그리고 저 멀리 산방산과 한라산까지 한눈에 들어온다.

반대쪽으로는 풍력발전기가 낮은 마을 속에서 홀로 우뚝 서 있었다. 가파도는 '탄소 없는 섬'을 목표로 풍력과 태양력 등 친환경 에너지만으로 섬을 움직이고자 시도하고 있다고 한다.

섬 중심부로 들어가 청보리밭을 따라가다 보니, 마을 안쪽의 집들이 보이기 시작한다. 가파초등학교를 지나면 해물 짬뽕을 파는 가게들이 다닥다닥 붙어있는 골목길이 나오고, 간간이 작은 공방들과 전시관도 찾아볼 수 있다. 그렇게 마을을 가로질러 쭉 내려가니, 다시 바다가 나온다. 포구 옆의 회색빛 건물이 눈에 들어온다. 가파도 어업조합 건물, 이것도 가파도 프로젝트의 건물이다. 깔끔한 식당에서는 여러 특색 있는 음식들을 팔고 있었는데, 간식 삼아 청보리 핫도그를 하나 사서 먹어보았다. 익숙한 맛의 핫도그였지만, 작은 섬마을 바닷가에서 먹는 핫도그라는 사실이 왠지 모를 특별함을 만들어준다. 식당 옆 건물은 어민들의 업무공간으로 이용되고 있었다. 어망 작업장에서는 그물망 작업이 한창이었고, 해녀 불턱에는 해녀들의 생활공간이 구성되어 있었다.

다시 페달을 밟고 동쪽으로 향하니, 가파도 프로젝트의 메인 건물인 AiR(Artist in Residence)가 보인다. 이곳은 가파도에 머무르는 예술가들의 숙소와 작업공간이다. 예술가들의 개인 생활공간이라 출입은 제한되어 있으나, 전시관과 전망대는 대중에 개방되어 있었다. 예술가들이 섬에서 살아가며 받은 영감들이 다양한 예술작품으로 표현되어 전시관에 전시되어 있었다.

그리고 전망대에선, 앞서 올랐던 소망 전망대와는 다른 풍경이 나를 사로잡았다. 소망 전망대가 섬의 중심부에서 주변의 낮게 깔린 풍경을 보는 것이라면, AiR의 전망대에선 섬의 끝자락에서 섬 중심부를 바라보게 된다. 바다, 지붕 낮은 집, 풍력발전소, 청보리밭까지. 가파도의 정체성이라 할 수 있는 것들이 하나의 풍경 속에서 서로 연결되어 있었다.

AiR 전망대를 내려와서는 직접 청보리밭 사이로 들어가 보기로 하였다. 사방으로 푸른빛의 보리와 밀이 끝없이 펼쳐져 있었고, 낮은 돌담이 밭의 테두리를 그어주고 있었다. 흔히들 제주를 상징하는 색깔로 감귤의 주황색을 가장 먼저 떠올리겠지만, 개인적으로는 제주의 밭에서 볼 수 있는 녹색 풀과 흑색 돌의 색채조합 역시 가장 제주스러운 풍경 중 하나라고 생각한다. 가파도의 청보리밭은 그러한 녹과 흑의 조합에서 또 다른 변주를 만들어내며 제주 본섬과 구분되는 개성을 보여주고 있었다.

3시간 남짓한 시간 동안 누빈 가파도에서는 자연과 문명의 공존에 대한, 그리고 지방 마을의 발전 방향에 대한 고민이 이루어지고 있었다. 문명을 포기하는 것이 아니라, 섬 스스로 문명의 동력을 새로이 찾아가려는 탄소제로 실험과, 지역의 전통과 특색을 현대적인 감각으로 재단장하려는 가파도 프로젝트. 이 두 시도가 앞으로 그 결실을 거둘 수 있기를 기대해본다.

청보리, 밀, 돌담, 그리고 그 뒤로 바다와 산이 보인다.

　가파도는 몇 시간이면 다 돌아볼 수 있는 작은 섬이지만, 이 섬이 보여주는 세상은 무한했다. 빌딩으로 사방이 막혀있는 도시와 달리, 이곳에서 나의 시야를 방해하는 요소는 없었다. 나는 이 섬의 끝까지, 그리고 그 뒤의 바다까지, 그리고 그 너머의 세계까지 바라볼 수 있었다. 섬 사이로 잘 닦여진 길은 섬 이곳저곳을 누빌 수 있게 해주었고, 그 속에서 다채로운 풍경들이 나타나며 작은 섬을 더 넓은 공간으로 인식하게 해주었다.

　그리하여 가파도라는 공간은, 겉으로는 아주 미약해 보이는 존재가 사실 무한한 가능성을 품고 있다는 사실을 알려준다. 대한민국 지도,

아니 그전에 제주도 지도를 펼쳐보아도 가파도라는 섬은 무척이나 작아 눈에 잘 띄지 않는다. 그러나 그 섬은, 밖으로는 무한한 세계를 바라보고 있었고 안으로는 골목 마다마다 무궁무진한 가능성을 그리고 있었다. 하늘 끝까지 닿는 빌딩도, 끊임없이 반짝이는 조명도 필요하지 않았다. 그런 화려함은 오히려 섬이 가진 잠재력을 가릴 뿐이다.

사람도 마찬가지이지 않을까. '무엇을 보여줄지'보다는, '무엇을 볼 수 있을지'를 고민해야 하지 않을까. 현재 나의 모습이 초라해 보일지라도 상관없다. 또 화려함을 부러워할 필요도 없다. 지금 이 순간 어느 곳을 바라보고 어떤 생각을 품느냐에 따라 내 세계의 크기는 무한히 확장될 수 있다. 가파도에서의 세 시간은, 바로 그런 가능성을 배우는 시간이었다.

네 번째 외출 : 희망으로 일궈낸 땅

- 이시돌 목장 -

1953년, 한 신부가 황무지나 다름없는 섬에 첫발을 내디뎠다. 스물여섯이던 그의 이름은 패트릭 제임스 맥그린치. 그는 아무것도 없던 섬사람들에게 자립의 희망을 선물해주었다. 이시돌 목장은 그 희망이 시작된 장소이다.

선교사제로 한국에 파견된 아일랜드 출신의 맥그린치 신부는 가난한 제주의 현실을 목격하였고, 제주 사람들의 자립을 돕기 위해 백방으로 노력하기 시작한다. 협동조합을 만들어 채무 상환의 부담을 줄여주었고, 한림 수직사를 설립해 여성에게 일자리 기회를 주었으며, 맨땅에 헤딩하듯 양돈농업을 시작하여 제주의 중요 산업으로 성장시켰다. 그는 이시돌 목장을 기반으로 보육시설, 호스피스 시설 등의 나눔 사업까지 사업을 확장하여 80여 세에 이를 때까지 봉사와 사랑의 삶에 자신을 헌신하였다. 지구 반대편의 문화도 종교도 다른 청년이, 오로지 가난한 이를 돕겠다는 순수한 신념만을 가지고 평생을 살아갔다. P.J.맥그린치는 이제 그의 한국 이름인 임피제로 기억되고 있다.

성이시돌 센터에는 임피제 신부의 이야기가 기록되어 있다.

제주가 초라하고 보잘것없던 시절에 스스로 일어설 기반을 닦아주고, 그 성과를 다시 주민들에게 나누어주며 진정한 자립을 달성시킨 헌신의 역사가 이곳 이시돌 목장 성이시돌 센터에 기록되어 있었다.

성이시돌 센터 건물 반대편으로는 순례의 길이 보인다. 한적하게 나 있는 산책로에 성경의 이야기들과 그것을 표현한 조각상들이 곳곳에 배치되어 있다. 조각상들은 사랑과 희생의 이야기를 표현하면서 이곳 이시돌 목장의 역사를 다시금 떠올리게 해주었다.

굽이굽이 들어가는 순례의 길의 끝에 도달하면, 돌아가는 길을 따라 다시 출발지로 향하게 된다. 순례길을 빠져나갈 때는 직진으로 곧바로 나갈 수 있게 되어있는데, 중간에 작은 미궁을 발견하게 된다. 이 미궁은 바닥 면에 미로를 그려놓은 것인데, 기독교인들은 이 미로를 걸으며 성지순례를 간접적으로 체험하였다고 한다. 미궁의 길을 찬찬히 걸어가며 임피제 신부가 겪었을 고민들을 상상하려 해보지만, 그것은 감히 쉽사리 헤아릴 수는 없는 것이었다.

순례의 길 뒤로 쭉 올라가면 큰 호수가 나온다. 호수는 햇빛을 받아 반짝거리며 신비로운 느낌을 준다. 멀리 금빛을 띤 오름이 보이며 호수와 조화를 이루고, 참으로 평화로운 풍경이 만들어진다.

호숫가에서 내려와 큰길을 따라 걸으면, 본격적으로 목장 시설일 법한 것들이 눈에 들어온다. 가장 먼저 송아지 목장이 나온다. 축사에는 젖소 송아지들이 모여 살고 있었다. 한쪽에서는 작은 송아지 집이 줄 지어져 있어 아기 송아지들이 자라고 있었고, 그 반대쪽에서는 그보다 조금 더 자란 어린 송아지들이 축사에 모여 있었다.

선배 송아지들은 사람을 크게 경계하지 않고 오히려 호기심 넘치는 눈으로 사진을 찍는 나를 바라보았다. 송아지들을 더 구경하려 목장을 가로질러 쭉 가볼까 하다가, 맞은편의 아기 송아지들이 경계할 것만 같아 그냥 빙 돌아서 빠져나오기로 한다.

대로의 한편에서 꺾어 들어가니 이시돌 목장의 랜드마크인 테쉬폰이 눈에 들어온다. 테쉬폰은 이라크 지역에서 유래한 특이한 건축양식을 가리키는데, 한국에는 이시돌 목장에서만 볼 수 있는 건물이라고 한다. 테쉬폰은 쇠사슬 형태 구조를 통해 거센 태풍에도 견딜 수 있는 내구성을 가졌기에, 바람이 거친 제주에 응용하기 적합하였을 것이다.

이라크에서 유래된 테쉬폰은 강한 내구성을 자랑하는 건축양식이다.

테쉬폰을 넘어 내려가 보니 방목지에서 말들이 한가롭게 풀을 뜯고 있었다. 말들을 좀 더 가까이서 찍고 싶었으나, 멀리서만 서성이고 있을 뿐이었다. 말들이 다가오기를 기다리는 것 외에 다른 방도는 없었다. 사진은 기다림의 미학이라 했나, 한참을 기다리다 보니 말들이 조금씩 조금씩 풀을 뜯으러 사이좋게 다가와 주었다. 말들 뒤로는 오름이 있고, 목초지는 봄을 맞아 슬슬 푸른 빛을 내뿜기 시작하였다. 오름과 풀과 말, 참으로 제주다운 풍경이 만들어졌다.

문득 이 평화로운 풍경이 있기까지의 시간을 떠올려본다. 지금 한가로이 풀을 뜯고 있는 동물들, 이들을 구경하며 즐거운 시간을 보내는 사람들. 이들이 지금 이 목장에 모일 수 있던 것은 누군가가 청춘

을 바쳐 이곳을 일구어 놓은 덕분이다. 모두가 황무지라고, 앞으로
도 계속 황무지일 것이라고 말하던 땅에서 누군가는 미약한 가능성
을 발견해내었다. 그리고 그 가능성을 그저 지켜보는 것에 그치지 않
고, 망설임 없이 자신의 시간과 에너지를 끊임없이 땅에 부어 넣었다.
그러자 가능성은 희망으로, 희망은 기적으로, 기적은 일상으로 바뀌
어나갔다. 그리고 결국 지금의 풍경까지 이르렀다. 그러니까 이 목장
은, 한 청년이 이타심, 상상력, 집념, 끈기를 모아 만든 연금술의 결과
물인 셈이다.

　내가 아닌 누군가를 위해 헌신한다는 것이 무척이나 아름다운 삶
이라는 것을, 그리고 그것은 한 개인이 자신의 능력을 모두 끌어옴
으로써만 실현될 수 있다는 것을 다시금 깨닫게 되는 순간이다. 세
상을 아름답게 바꾸는 것이 선의와 능력의 합에 의해 결정된다면, 나
는 그 합의 크기를 나는 얼마나 키워나갈 수 있을까. 아직 가야 할 길
이 많이 남았다.

오름과 풀과 말, 세 가지의 조합으로 이시돌 목장의 풍경이 완성된다.

다섯 번째 외출 : 한여름의 서핑

- 중문 해수욕장 -

 불과 몇 달 전까지 극한의 추위로 세상이 얼어붙었던 것이 무색하게, 이제는 극악의 더위가 세상을 팔팔 끓이고 있었다. 여름이다. 온난화로 지구가 따뜻해지는 와중에, 여름이다. 움직이기만 해도 땀이 나고, 가만히 있어도 땀이 나는 시간이었다. 에어컨은 더 이상 사치품이 아니라 생필품이 된 것 같지만, 군대에서 내 마음대로 켜고 끌 수 있는 에어컨 같은 건 없었다. 온도계는 더 위로 올라가고만 있었다.

 극한의 더위 때문에 나의 제주 탐방도 쉬어가는 날이 많아졌다. 그해 여름 외출 날의 대부분은 날이 너무 더워 돌아다닐 엄두가 나지 않았고, 나는 집에서 휴식을 취하는 것을 택했다.

 그렇지만 매번 휴식만 취하며 보내기엔 여름이란 계절은 너무 아까운 것이었다. 아무리 덥다지만 여름 바다는 한 번쯤 가봐야 하지 않을까라는 생각에 더해, 기왕 바다에 가는 김에 새로운 체험을 해보는 게 어떨까라는 생각이 들었다. 그때 서핑이 떠올랐다.

 고등학생 시절 담임선생님께서는 취미가 서핑이셨다. 수업시간에

여름의 중문해변은 서퍼들에게 가장 인기 있는 장소이다.

가끔 해주셨던 서핑 이야기는 나를 매료시켰다. 바다에서 할 수 있는
활동 중에 가장 멋들어진 것처럼 보였고, 대학생이 되면 언젠가 배워
봐야겠다는 막연한 낭만이 자랐다.

그렇게 대학생이 되었으나, 첫 두 해의 여름을 흐지부지 보내고 군
대를 가서야 제주 바다를 다시 찾아오게 되었다. 기왕 여름 내내 제주
에 있게 되었으니, 올해는 꼭 서핑을 해보고 싶었다. 더위 때문에 다
른 곳은 못 돌아다닐지언정, 바다에서 몇시간 노는 것은 괜찮겠지, 라
는 생각으로 서핑 강습을 찾아보았다.

바다로 둘러싸여 있다는 조건 덕인지 제주에서 서핑 강습을 운영하
는 업체는 무척 많았다. 그중 날짜와 시간, 가격 등을 고려하여 적당

한 강습을 선택하였다. 장소는 중문 해수욕장. 남동풍이 부는 여름에는 제주 남쪽이 서핑을 즐기기 좋은 지역이 되고, 그중에서도 중문은 서퍼들에게 가장 인기 있는 장소이다.

다행히도 외출로 갈 수 있는 낮 시간대에 물때가 맞아 예정대로 강습이 진행되었다. 날씨도 평소에 비하면 견딜만한 더위였고 바람도 적당히 불어, 서핑을 즐기기 좋은 조건이었다.

총 세 시간이었던 강습은 뭍에서 한 시간, 바다에서 두 시간으로 구성되었다. 나를 비롯한 대부분이 서핑을 처음 즐기는 사람들이었기에, 아주 기초적인 설명부터 차근차근 진행되었다.

서핑보드의 용어, 안전수칙 등을 듣고, 해변에 차례로 놓인 보드를 하나씩 잡고 자세 연습을 하였다. 보드 위에 엎드려 균형을 잡고, 팔을 저어 보드를 이동시키는 패들링, 파도를 타기 위해 잽싸게 일어나는 테이크오프까지. 육지에서 연습을 해봐도 아직까지는 동작이 서툴고 불안정하기에 몇 번의 반복 연습이 더 필요하다.

그렇게 슬슬 동작들이 자연스러워질 즈음, 이제는 바다로 나가 직접 파도를 타 볼 차례이다. 처음부터 혼자 파도를 잡을 수는 없으니 강사분의 도움이 필요하다. 서핑보드에 엎드려 파도가 오기를 기다리다, 드디어 괜찮은 파도가 하나 밀려온다. 강사분이 타이밍 맞추어 보드를 밀어주면, 배운 대로 열심히 팔을 저어 패들링을 한다. '업!' 소리에 맞춰 테이크오프를 시도하지만…. 역시나 아직은 쉽지가 않다.

첫 시도는 실패다.

그렇게 몇 번의 실패를 거쳐, 다시 한번 도전해본다. 파도가 오고, 패들링을 하고, 다시 '업!' 잽싸게 보드 위에 올라선다. 이번엔 가라앉지 않았다. 약간의 흔들림 이후 가까스로 균형을 잡았고, 보드는 여전히 앞으로 나아가고 있었다. 내가 파도를 타고 있었다. 파도의 흐름에 따라 부드럽게 좌우로 흔들리며, 빠르게 해변가로 나아간다. 마지막엔 속도를 잃고 입수.

처음 느껴보는 신기한 감각이었다. 바다 위를 미끄러지는 느낌. 여태까지 나를 삼키려고만 했던 바닷물이 나를 들어 올려주고 있었다.

첫 성공을 하고 나니 이후의 테이크오프는 더욱 수월했다. 강사분의 지시에 따라 저절로 몸이 움직였고, 그렇게 몇 번을 더 성공할 수 있었다.

강습의 마지막은 자유 서핑 시간이다. 이번에는 강사분의 도움 없이 혼자 파도를 탄다. 도와주는 사람 없이 나와 보드만 있으니, 파도를 기다리는 시간이 새삼 길게 느껴졌다. 파도가 한참 안 오다가, 하나가 오는데 좀 약하고. 그다음에 또 오는데…. 아차, 타이밍을 놓치고. 그렇게 시간이 꽤 흐르고 드디어 마음에 드는 파도가 온다. 패들링을 하고, 테이크오프…. 하지만 타이밍을 잡아주는 사람이 없으니 이번엔 실패. 다시 또 마음에 드는 파도가 올 때까지 한참을 기다린다. 그렇게 파도를 기다리고, 좋은 찬스를 몇 번 더 놓치고, 결국 세 번 정도 혼자 타는데 성공했다.

서핑은 기다림의 스포츠였고, 몇 안 되는 기회를 제대로 잡기 위한 실력이 필요한 스포츠였다. 그리고 그 실력을 갖추기 위해선 앞으로 수차례 더 가라앉아야 할 것이다.

여섯 번째 외출 : 추억 속 놀이터, 축구장
- 제주월드컵경기장 -

　내 기억 속 첫 축구장은 제주월드컵경기장이었다. 2002월드컵 즈음에, 가족들과 함께 경기장 높은 스탠드 좌석에 앉아서, 저 멀리 조그맣게 보이는 국가대표 선수들을 보았던 게 어렴풋하게 기억이 난다. 그게 몇 년도의 무슨 경기였고 누가 골을 넣었는지는 한참 뒤에 검색을 하고 나서야 알게 되었지만 말이다.

　그로부터 시간이 흘러, 2006년에는 제주유나이티드라는 제주도 최초의 프로스포츠팀이 생겨 제주월드컵경기장을 홈구장으로 사용하기 시작했다. 그즈음 축구에 빠지기 시작한 나에게 월드컵경기장은 최고의 놀이터였다. 변변찮은 문화생활 거리가 없던 제주에서, 프로축구 경기는 나의 흥미를 끄는 거의 유일한 콘텐츠였다. 운동장에서 공을 차는 게 세상 제일 즐거운 일이던 소년들에게 월드컵 경기장은 최고의 소풍장소였다.

　사실, 연고 이전 후 만년 하위권을 전전하던 제주유나이티드는 한동안 제주에서도 '축구 못하는 팀'의 대명사였다. 경기도 재미없고, 경기장 위치가 멀기도 해서, 큰맘 먹고 경기를 보러 가서 실망만 하고 오는 경우가 많았다.

그러나 2010년, 박경훈 감독이 이끈 제주유나이티드는 공격적인 축구로 리그 2위를 거두며 K리그 돌풍의 팀으로 거듭났다. 그다음 시즌에도 '방울뱀 축구', '감귤타카' 같은 매력적인 경기스타일을 선보였고, 이 시기 중학생이던 나는 한창 축구 보러 가는 재미에 빠져 살았다.

박경훈 감독 이후 부임한 조성환 감독하에서도 꾸준히 좋은 성적을 내면서, '만년 하위권' 제주유나이티드는 어느샌가 K리그 강팀 반열에 올라섰다.

고등학생 이후로는 제주유나이티드의 경기를 보러 갈 시간이 많지 않았기에, 의경 복무를 위해 제주로 돌아왔을 때 내 목표는 최대한 자주 축구 경기를 보러 다니는 것이었다. 감사하게도 의경 부대 차원에서 정기적으로 K리그 단체 관람 기회를 제공해주기도 하였고, 휴가를 나와서도 군인 혜택을 활용해 무료로 경기를 볼 수 있었다.

정말 오랜만에 찾은 제주 월드컵 경기장은 이전과 크게 달라지지 않았다. 독특한 디자인의 지붕, 주황색 인테리어, 힘차게 울리는 북소리. 어릴 적의 추억이 반갑게 되살아났다. 오랜만에 왔지만 응원가가 저절로 흥얼거려진다.

2018 시즌 초까지 준수한 성적을 보이던 제주유나이티드가 내게 간만에 축구 보는 재미를 일으켜 줄 때쯤, 어김없이 찾아온 여름 징크

제주월드컵경기장은 곡선형의 독특한 지붕이 특징이다.

2020시즌에 제주유나이티드는 K리그2를 우승하며 1부리그 복귀를 확정지었다.

스가 발목을 잡았다. 아니, 평소보다 더 지독하게 잡히고 말았다. 15 경기 동안 승리가 없었다. 다행히 정규 시즌 막판 힘겹게 진땀 승리를 몇 차례 거머쥔 덕에 상위 스플릿 자리는 지켜냈다.

이듬해인 2019 시즌은, 더욱 암울한 시즌이었다. 시즌 내내 하위 권을 벗어나지 못하였고, 결국 구단 역사상 최초로 2부리그로 강등 되었다.

군복무 기간 동안 제주유나이티드의 경기력이 좋지 못한 것이 무척 아쉽기는 하지만, 그래도 열심히 경기를 보러 다닌 덕에 한동안 시들 었던 나의 팬심에는 다시 불이 붙었다. 이 글을 쓰는 지금은 2020시 즌 준비가 한창이다. 우리동네 축구팀의 승격을 응원해본다.

일곱 번째 외출 : 특별한 맥주 한 잔

– 제주맥주 양조장 –

언젠가부터 편의점에서 신기한 맥주를 볼 수 있었다. 바로 제주위트에일이다. '제주'라는 이름을 달고 나오는 흔한 제품의 일환일 줄 알았는데, 어라, 생각보다 맛이 괜찮다. 이게 진짜 제주에서 만든 건지, 아니면 제주를 컨셉으로만 삼아 만든 건지 궁금하던 차에, 부대 차량을 타고 이동하던 중 제주맥주공장을 지나게 되었다. 편의점에서 봤던 맥주가 바로 부대 근처에서 만들어지고 있었다니! 양조장을 자세히 검색해보니 양조장 투어 프로그램이 마련되어 있었다. 원래는 전날까지 예약을 해야 참여할 수 있었지만, 외출 당일 무작정 찾아가 보니 마침 빈자리가 남아 운 좋게 투어에 참여할 수 있게 되었다.

양조장은 건물 외부에서부터 거대한 양조기계가 '여기 맥주공장이요'하는 표시를 보여주고 있었고, 건물 1층에는 서핑보드와 풀숲을 활용한 인테리어로 제주의 여유로운 분위기를 연출하고 있었다.

3층에서 투어 접수를 하고, 시간이 되자 담당자의 인솔하에 2층으로 들어가게 되었다.

제주맥주의 로고에는 제주라는 지역의 정체성이 담겨있다.

　문을 열고 들어가자마자 보게 되는 것은 맥주 공정 과정에 대한 간단한 이미지였다. 해설을 담당한 직원분이 맥주가 만들어지는 과정을 알기 쉽게 설명해주신 덕인지 공장을 한 번 돌리면 뚝딱 맥주가 만들어질 것만 같았지만, 실제 전 과정을 거쳐 맥주를 만드는 데에는 2주가량이 소요된다고 한다. 뭐든 이론은 쉽고 현실은 어려운 법이다.

　곧이어 제주 맥주의 정체성에 대한 설명이 이어진다. 현재까지 두 종류의 맥주가 제주맥주 양조장에서 개발되었는데, 그 개발과정의 비하인드 스토리를 듣는 재미가 쏠쏠하다.

　그 후 본격적으로 맥주 공정과정에 대한 다양한 설명을 들을 수 있다. 유리창 너머로 실제 공정작업에 사용되는 거대한 탱크들을 보며 설명을 들으니 맥주가 만들어지는 과정이 더욱 생생하게 이해되는 듯하다. 맥아를 가공하고, 효모를 투여하고, 완성된 맥주를 저장, 포장하기까지…. 우리가 먹는 맥주 한 캔을 만들기 위해 거대한 기계들이 끊임없이 움직이는 모습을 상상하니 새삼 맥주 한 캔의 가치가 다르게 느껴진다. 내가 투어를 한 날은 휴일이라 공장이 실제로 움직이지는 않았지만, 거대한 탱크와 복잡하게 연결된 생산벨트의 모습만으로도 공장의 분주함을 유추할 수 있었다. 우리가 살펴본 공장 시설을 통해 하루에 수만 리터의 맥주가 만들어진다고 한다.

한 시간짜리 투어 동안, 맥주의 제작 과정 외에도 맥주와 관련된 다양한 이야기들을 들을 수 있었다. 라거맥주와 에일맥주의 차이라든지, 최근 맥주 개발에 사용되는 신기한 재료들이라든지, 병맥주와 캔맥주의 차이까지. '마시기만 좋아하는' 애주가들이 술자리에서 상식을 뽐낼 수 있게 해줄 만한 정보들을 접할 수 있으니, 이 투어만으로도 어디 가서 '맥잘알' 흉내를 내어볼 법도 하겠다.

투어를 마치고 다시 3층으로 돌아가면, 이제는 맛있는 맥주를 직접 맛볼 차례. 투어 쿠폰으로 기본 맥주를 한 잔씩 시킬 수 있었고, 공장에서만 맛볼 수 있는 스페셜 맥주도 맛볼 수 있었다. 제주에서 즐기는 특별한 맥주, 투어 설명을 듣고 마셔서 그런지 더욱 맛있게 느껴진다.

투어를 마무리하는 포토존. 바닥에는 '제주를 담은 맥주, 제주를 닮은 맥주'라는 글귀가 적혀있었다.

투어를 마치고 나서는 맛있는 맥주를 직접 맛볼 수 있다.

여덟 번째 외출 : 시간이 멈춘 마을

– 성읍민속마을 –

성읍민속마을 주변으로는 제주 전통초가들이 아직까지도 유지되고 있고, 곳곳마다 전통체험이 가능한 집이라는 팻말이 붙어있다. 이러한 집들도 성읍민속마을을 체험하는 좋은 방법이지만, 마을 전체를 먼저 한 번 쭉 둘러보고 싶다면 성읍성 내부로 들어가면 된다.

공영주차장이 있는 남문에선 현무암 성벽이 먼저 눈에 들어온다. 이것은 정의현 성벽으로, 이 성읍마을 일대를 둘러싸고 있다. 특유의 문장이 그려진 깃발들이 펄럭이는 와중에 성 입구로 들어서 본다. 성 내에는 제주 전통 초가가 빽빽하게 모여 있고, 동서남북으로 길이 나 있어 나름 잘 구획되어 있다.

이곳은 아직까지 사람들이 실제로 거주하는 곳이기에, 모두 비슷한 집처럼 보여도 아무 곳이나 들어갈 수는 없다. 안내판에 문화재로 지정된 곳들을 찾아 조심스레 들어가 보기로 하였다. 가장 처음 들어간 집의 이름은 고평오 고택이다. 문화재 이름에 옛사람들의 이름을 제대로 기록해주어 정겹기도 하고, 실제 거주자의 삶도 함께 기억될 수

정의현 성벽이 성읍마을 일대를 둘러싸고 있다.

있는 느낌이다.

고평오 고택은 안채와 바깥채가 있는 초가집의 전형이다. 이곳에서는 통시를 볼 수 있다. 흑돼지 모형이 귀엽게 자리잡고 있는 통시의 용도는 다름 아닌 화장실이다. 옛 제주에서는 흑돼지를 집집마다 키웠고, 돼지우리 위에 돌을 쌓아 화장실을 만든 것이다. 객주 건물에선 외양간과 여물을 볼 수 있었는데, 겨울철을 대비한 흔적이다.

제주의 옛 모습을 볼 때에는 부모님만큼 확실한 해설가가 없으니, 이번 관람에선 굳이 해설사를 따로 찾을 필요가 없었다. 어머니와 아버지는 빈 건물에서 그 용도가 무엇인지를 알아보시고, 그 속에 얽힌 어린 시절의 추억들을 즐겁게 말씀해주시며 완벽한 해설가가 되어주셨다. 전통초가집의 지붕 짚 사이로 겨울철 참새가 웅크려 들어갔다는 이야기를 어디 가서 따로 듣겠는가.

성읍마을에는 제주 전통초가들이 잘 보존되어 있다.

길거리를 돌아다녀보니 동네슈퍼, 식당, 기념품점, 카페 등 이곳에는 나름 있을 게 다 있었고, 주택 집들에선 태연하게 빨래를 너는 주민분들도 심심찮게 보였다. 대개 실제 사람이 살고 있는 집은 어느 정도 크고 작은 개량이 되어있어 구분하는 것이 어렵지는 않았다. 문짝을 철제로 바꾸거나, 지붕을 슬레이트로 쳐놓거나, 약해진 돌벽을 시멘트로 메우는 등의 식이다. 이것들 역시 제주의 전통가옥들이 근대화를 거치며 개량된 흔한 방법들이므로, 제주 전통가옥의 변천사를 엿볼 수 있는 중요한 참고 자료가 될 것이다.

마을의 중앙에는 빛깔 좋은 건물이 하나 보이는데, 이것은 정의현 객사이다. 이곳은 중앙 관리가 내려왔을 때 머무르던 건물이다. 연회

정의향교는 전통 문화 프로그램 등을 운영하며 그 교육적 기능을 이어가고 있다.

장소로도 사용되곤 했던 객사는 전국적으로 형태가 비슷하다고 한다. 그래서인지 초가집이 즐비한 성읍마을 풍경에서 홀로 독특하게 튀는 느낌을 준다.

객사를 지나 걷다 보니 마을 한쪽에서 신명 나는 사물놀이 소리가 들린다. 소리를 따라가 보니 주말을 맞아 체험 프로그램이 한창 진행 중이었다. 넉살 좋은 이장님의 손에 이끌려 가볍게 투호놀이 체험에 참여하였다. 손에 화살을 가득 들고 덤볐지만 결국 한 개도 넣지 못하였다. 그래도 바로 옆에서 들리는 경쾌한 풍물소리가 기분을 좋게 만들었다. 이곳은 정의향교 예절관이었고, 주말마다 전통 프로그램을 운영하며 향교의 교육기능을 이어가고 있었다.

예절관 옆에는 향교의 본건물이 자리 잡고 있었다. 성현을 모신 대웅전 옆으로 학문공간인 명륜당도 있었는데, 이렇게 나란히 배치된 것은 이곳 정의향교만의 특징이라고 한다. 향교 건물 앞에서, 주민 어르신 한 분께서 외국인 관광객들에게 향교에 대해 영어로 열심히 설명하고 계셨다. 그 친절함과 열정이 멀리서도 느껴져 괜스레 존경스러운 마음이 든다.

향교를 나와 마을 북쪽으로 향하니 커다란 팽나무가 존재감을 뿜어내고 있었다. 척 봐도 몇백 년은 되었음 직한 이 나무는 실제로 600년 정도 되었다고 한다. 전통마을의 600년 된 팽나무는 오랫동안 마을의 수호신 역할을 했을 것이다. 지금은 이 마을이 정말 오래되었음을 증명하는 인증서이기도 하다.

세상은 점점 더 빠르게 변해가고 있지만, 그 모퉁이 한편에는 시곗바늘을 느리게 돌리며 옛 모습을 붙잡아두려는 존재들이 아직 남아 있다. 영원한 것은 없기에 이들 역시 시대의 흐름에 따라 변화할 것이다. 그러나 이들이 미약하게나마 시곗바늘을 늦추어준 덕에, 우리는 쉼 없는 변화의 흐름 속에서도 한숨 돌리며 역사를 기억할 수 있고, 무엇을 남겨두어야 할지 고민할 수 있는 게 아닐까.

아홉 번째 외출 : 본질을 담은 건축

- 본태박물관 -

군인으로 맞이하는 처음이자 마지막 크리스마스 날이었다. 인스타그램에선 크리스마스 분위기가 한창이었지만, 글쎄, 나는 아무런 감흥도 느껴지지 않았다. 아마 당장 옆에 있는 부대 사람들부터가 이 분위기에 무신경해서 그런 것일까. 혹은 지난 1년 동안 이미 충분히 북적거리는 분위기 속에서 살아서 그런 것일지도 모르겠다. 제주도의, 군인. 2018년의 크리스마스를 특별하게 보낼 수 없는 충분조건이라고 생각했다.

그렇기에 '크리스마스는 꼭 부대 밖에서 보내야 해'라는 생각은 딱히 없었지만, 마침 고등학교 친구들과 약속이 잡혀 크리스마스를 특별하게 보낼 기회를 얻게 되었다.

낡은 렌트카를 끌고 향한 곳은 본태박물관이었다. 안덕면 중산간 지역에 위치한 본태박물관은, 꽤 깊은 곳에 자리 잡고 있어 차가 없었다면 가기가 매우 힘들었을 곳이었다. 운전을 잘하는 친구 덕에 평소라면 하루 종일 걸려 찾아갈 곳을 한 시간도 안 걸려 도착할 수 있었다.

안도 타다오가 설계한 노출 콘크리트 건물은 '본태'라는 이름에 어울린다.

본태박물관은 세계적인 건축가 안도 타다오가 설계를 맡은 건물로, 제주에서 가장 아름다운 건축물 중 하나로 손꼽힌다. 그의 건축의 특징은 건물 외벽의 콘크리트 질감을 그대로 드러내는 노출 콘크리트 양식을 활용한다는 것이다. 의도적인 장식 없이 건물의 재료를 그대로 드러낸 콘크리트 벽을 보니, '본태'라는 이름에 딱 어울리는 디자인이라는 생각이 든다.

박물관은 총 다섯 개의 전시로 이루어져 있으며, 관람객들은 5번에서 1번까지 역순으로 전시를 관람하게 된다. 5관과 4관은 한국적 전통 속의 삶과 죽음에 대한 관념을 테마로 다룬다. 불교적 세계관부터

무한 거울방에선 빛이 무한대로 반사되며 우주가 펼쳐진다.

민속 신앙까지, 옛 사람들의 전통적 내세관을 엿볼 수 있었다.

3관부터는 현대 미술에서 표현한 인간의 본질을 다루는 듯했다. 특히 3관은 쿠사마 야오이 작가의 호박 전시와 무한 거울방으로 유명하다. 무한 거울방은 약 2분가량의 관람시간을 두고 차례로 입장하게 되는데, 물 위에 떠있는 작은 발판 위에 서서 형형색색의 조명들이 무한대로 반사되는 장면을 볼 수 있다. 마치 우주, 혹은 무의식의 세계에 온 것만 같은 몽환적인 느낌을 느낄 수 있었다.

2관과 1관은 건축물의 매력이 한껏 잘 드러난 전시관이었다. 신발을 벗고 들어가게 되는 2관은, 마치 세련된 예술가의 집을 방문한 듯한 느낌을 준다. 이곳에서는 살바도르 달리와 파블로 피카소와 같은, 전설적인 화가들의 작품들을 실제로 볼 수 있었다.

건물 외벽으로 물이 흐르는 모습은 본태박물관의 0관이라고도 할 만하다.

1관은 다시 전통적 생활공간을 다루는데, 사회적 관습의 제약 속에서 은은하게 피어난 옛사람들의 실용적인 예술을 볼 수 있었다. 낡은 손수건 조각들을 알뜰하게 기워 감각적인 패턴의 조각보를 만들어내기도 하고, 외출을 자유롭게 할 수 없던 여인들은 자연을 즐기기 위해 방 안에 꽃, 나비 문양을 새겨 두기도 하였다.

1관을 끝으로 다시 출구로 향하게 되는데, 개인적으로는 그 사이의 길을 '0관'이라고 부르고 싶을 정도로 아름다운 풍경을 볼 수 있었다. 앞으로는 호수와 갈대밭, 노출 콘크리트 건물과 산방산이 한 폭의 그림과 같은 정경을 자아내고, 방향을 돌려 통로로 향하면 맑은 물이 흐르는 벽면이 관람객을 친절하게 배웅해주는 듯한 인상을 준다.

건축가 안도 타다오는 '다음 세대에 전해야 할 것은 무엇인가'라는 고민에 대한 응답으로서 본태박물관을 설계하였다고 한다. 그래서인지 이 박물관에는 인간에게 필요한 가장 근원적인 요소들이 모두 담겨있었다. 자연, 예술, 일상, 철학…. 아마 인간 삶의 무궁무진한 가능성이 이곳에 숨겨져 있을 것이다. 가볍게 둘러볼 생각으로 찾아왔던 본태박물관에서 우리 일행은 모두 마음을 빼앗겼고, 박물관을 나올 때쯤 시간은 생각보다 훨씬 더 흘러있었다.

열 번째 외출 : 동백꽃 필 무렵

- 카멜리아 힐 -

크리스마스여도 귀대 시간은 달라지지 않는다. 신데렐라의 마법이 12시, 정확히는 00시에 풀리는 것이라면, 외출을 나온 의경은 20시까지는 본래 신분으로 돌아와야 한다. 본태박물관을 나오니 시간이 애매하게 남아있었고, 이대로 헤어지기 아쉬운 우리 일행은 그날의 마지막 여행지를 급하게 찾아보았다.

마침 가까운 거리에 카멜리아 힐이 있었다. 카멜리아 힐은 국내에서 가장 큰 동백 수목원으로, 무려 500종류나 되는 다양한 품종의 동백꽃들을 볼 수 있는 곳이다. 마침 제주의 12월은 '동백꽃 필 무렵'이기에, 카멜리아 힐의 동백이 한창 예쁠 때이겠구나 싶어 서둘러 친구들과 한겨울의 꽃놀이를 떠났다.

크리스마스라 그런지, 제주의 모든 관광객이 카멜리아 힐로 몰려든 것만 같았다. 주차장을 찾아 한참을 돌아다닌 후 겨우 입장을 하니, 크리스마스를 맞아 산타복장을 입은 거대한 돌하르방이 우리를 반겨준다.

분홍빛의 애기동백 숲. 사람들이 모여 추억을 남기고 있다.

　아름답게 피어난 동백을 볼 생각으로 북적거리는 사람들 틈새로 걸어갔는데, 어라, 생각보다 꽃이 많이 피어있지는 않았다. 아직 꽃 필 시기가 아닌가, 하고 설명을 들여다보니 우리가 처음 본 것은 주로 3~4월에 피는 유럽동백이었다. 조금 더 걸어 들어가니 그제야 본격적으로 동백꽃들이 피어난 거리가 나오기 시작했다. 그리고 애기동백 정원에 들어선 순간, 온 사방은 동백꽃으로 둘러싸이게 되었다.

　특히 이곳은 거울이 길게 늘어서 있어 동백꽃과 사람들을 비추어 주는데, 그래서인지 동백꽃이 무한히 확장되어 피어나는 듯한 인상을 준다.

어느덧 해가 뉘엿뉘엿 저물어 가는 듯해 발걸음을 서두르니, 후박나무가 늘어선 산책로에는 꼬마전구들이 켜지며 낭만적인 분위기를 자아내고 있었다. 산책로의 끝에는 '이달의 동백꽃 길'을 안내하는 표지판이 있었다. 길을 따라가 보니 온실 뒤편으로 동백꽃들이 어느 곳보다도 빽빽하게 만개해 있는 풍경을 볼 수 있었다. 아름다운 동백꽃 덕분인지 사진도 아주 예쁘게 찍혔고, 이날 찍은 사진을 겨울 내내 프로필 사진으로 해두었다. 모든 꽃들이 져버린 한겨울에, 그 틈새시장 속에서 피어난 동백은 여름의 여느 꽃보다도 확실한 존재감을 돋보이고 있었다.

그해 겨울, 내가 근무하는 의경대의 화단에도 동백꽃이 피어났다. 위경소까지 출근하는 20m 길에 듬성듬성 피어있는 동백꽃은 단조로

3월에 다시 찾은 카멜리아 힐. 카멜리아 힐에서는 1년 내내 동백꽃을 볼 수 있다.

운 군대의 일상에 작은 위로가 되어주었다. 붉은 꽃이 하나둘 피더니 언젠가부터는 분홍색, 하얀색 꽃들도 활짝 피었고, 그 동백꽃들이 꽃송이를 떨어트릴 즈음엔 어느새 봄이 만연해 있었다.

열한 번째 외출 : 옛 시절의 중심지

- 관덕정과 목관아 -

2019년 1월, 군대에서 맞이하는 두 번째 해가 다가왔다. 새해를 맞아 선물을 주는 것인지, 의무경찰 복무규율에 큰 변화가 생겼다. 자잘한 내용은 기억나지 않지만, 가장 중요했던 것은 외출 복귀 시간이 20시에서 21시로 연장된 것이었다. 규정상으로는 한 시간이 늘어난 것이지만, 매번 버스 시간 때문에 한 시간 일찍 귀대를 해야했던 나에게는 두 시간이 늘어난 것이나 다름이 없었다. 사회에서 두 시간을 더 보낼 수 있다니! 입대 전 야심 차게 계획했지만 지지부진했던 목표, '외출 때 제주도 곳곳을 돌아다니자!'는 것이 이제 더욱 본격적으로 가능해진 것이다.

2시간이라는 실탄을 장전하고 찾은 2019년의 첫 여행지는 구제주 구도심 지역이다. 한때 제주의 중심지였던 곳이지만, 초등학생 이후로 줄곧 신제주에 살아온 나에게는 꽤나 낯선 곳이기도 하다. 나름 볼거리들이 모여 있는 것을 확인하고 버스에 오른다.

첫 행선지는 관덕정과 목관아, 아주 오래전의 제주의 흔적이 남겨

제주의 상징물 돌하르방이 관덕정을 지키고 있다.

져 있는 곳이다. 고등학생 시절 수행평가 과제를 작성하기 위해 찾아 왔던 기억이 새록새록 떠오른다. 그땐 버스로 30분 거리를 가는 것도 참 멀게 느껴졌는데, 지금 생각하면 참 좁은 세상에만 머물러 왔구나 싶다.

관덕정은 제주에서 가장 오래된 건축물이다. 이곳은 병사들이 활쏘기 훈련을 했던 장소로, 관덕이란 명칭은 '활을 쏘는 것은 높고 훌륭한 덕을 쌓는 것이다.'라는 예기의 구절에서 따왔다고 한다.

바로 옆에 붙어있는 목관아는 일제강점기 때 훼철되었던 것을 최근에 들어 다시 복원한 것이다. 몇 년 전까지만 해도 목관아지라고 부르는 경우가 흔했는데, 아마 건물이 지어지기 전 '목관아의 터'라는 의미에서 부르던 것을 건물을 지은 후에도 한동안 사용한 듯하다. 지금으로 따지면 제주 도청과 같은 장소인 셈이다. 조선시대 제주의 최고 권

망경루에서 바라본 풍경. 이곳의 옛 풍경은 어땠을까.

력 기관이니 정말 으리으리한 건물을 예상케 하지만, 생각보다 단조롭고 낮은 건물들이 모여 있는 모습을 볼 수 있다.

두 개의 문을 지나 보이는 가장 높은 건물은 망경루로, 임금이 계신 서울을 바라보며 그 은덕을 바라보는 장소였다고 한다…라고는 하지만 글쎄, 아마 서울을 바라보는 제주목사의 심정이 마냥 충정으로만 가득하지는 않았을 것 같다. 조선시대의 제주라면, 아무것도 발전되지 않았거니와 배를 타고 오는데도 한참이 걸리는 대표적인 유배지인데, 이런 곳으로 발령된 관리의 심정이 어땠을지 생각해본다. 문득 논산훈련소에서 제주도로 발령이 난 서울친구들의 표정이 떠오른다. 아마 여러 제주 목사들이 그런 표정을 짓지 않았을까.

망경루에 올라 제주 풍경을 바라보니 참 많은 건물들이 눈에 들어온다. 수 백년 전 제주목사가 보았을 황량한 풍경을 상상해보면, 발전된 제주만을 보고 자란 나에게도 격세지감이 느껴지는 듯하다.

제주목사는 행정적 직책인 목사와 함께, 군사적인 직책인 안무사를 겸하였다. 두 직책의 업무를 볼 때는 각각 다른 건물을 사용하였다. 제주도 내 권력 일인자인 목사의 집무실이지만, 두 건물 모두 최소한의 공간만을 갖고 있다는 것이 인상 깊다. 제주목관아에는 목사의 집무실 외에도 여러 건물이 배치되어 있는데 제주목의 다양한 행정 업무들이 이 건물들에서 관리되었다.

관아의 한쪽으로 보면 귤나무들을 볼 수가 있다. 다양한 종류의 귤나무들이 심어져 작은 산책로를 이루었다. 종류가 다양해 열매를 맺는 시기가 달라서 그런지 일부 귤나무에만 열매가 열려있는데, 모두 피게 된다면 그 광경이 어떨지 궁금해진다.

제주목관아를 둘러보고 나가기 전, 입구에 있는 회랑에 들어가 보니 제주목관아와 제주 목사들의 역사를 설명하는 전시관이 있었다. 제주목관아를 중심으로 제주의 역사가 어떻게 흘러 왔는지를 확인할 수 있는 곳이다. 척박한 환경 속에서도 백성들에게 선정을 베풀었던 목사들의 이야기들을 지나고 나니, 흑백 사진 한 장이 눈에 들어온다. 사진은 오래전 관덕정 앞 풍경을 담고 있었고, 그곳에는 지금과 달리 광장이 있었다. 이 광장을 중심으로 제주도민들은 함께 생활하며 많은 이야기를 나누었을 것이다. 지금은 광장은 사라지고 도로가 놓여 있다. 도시의 이야기가 모일 수 있는 공간이 사라진 것이 아쉬울 따름이지만, 지금의 도로도 제주의 역사 속에서 나름의 역할을 수행하고 있는 중일 테다.

관덕정과 목관아를 둘러보고 나니, 문득 이곳이 제주의 랜드 마크가 될 수는 없을까라는 생각이 들었다. 세계적인 관광도시를 꿈꾸는 제주이지만, '제주'하면 딱 떠오르는 랜드마크는 아직 없지 않은가. 혹자는 한라산이나 성산일출봉 같은 명소들을 들겠지만, 엄밀히 말하면 그건 land의 일부지 그 위에 표시한 mark는 아니지 않을까. 세계적 건축가들이 이 섬에 아름다운 건축물들을 몇 개 지어놓긴 했지만, 그건 인적이 드문 중산간 터에 있는 것들이라 접근성이 좋지 못하다. 그럼 도심지에 으리으리한 빌딩을 짓는 것은? 자연과 같은 눈높이에서 살아가는 제주사람들에게 그런 마천루는 오히려 흉물로 느껴질 것이다. 제주 땅 위에 인간이 지은 건축물 중에 충분한 상징성을 가지고 사람들의 삶에 스며들어 있는 것, 그렇게 생각하니 자연스레 '관덕정과 목관아'가 떠오른다. 물론 현재 관덕정과 목관아의 위상은 제주의 랜드마크로 꼽히기에는 한참 부족하다. 하지만 과거에는 제주의 중심지였던 곳이니, 이 건물들이 가진 잠재력을 무시할 수는 없을 것이다. 이곳을 잘 가꾸고 단장한다면 다시 그 존재감을 회복하고 제주의 상징물이 될 수 있지 않을까?

열두 번째 외출 : 익숙한 도시, 낯선 예술

- 아라리오 뮤지엄 -

　관덕정에서 나와 정처 없이 걸어가다 보니, 강렬한 붉은 빛 건물이 나의 시선을 사로잡는다. 아라리오 뮤지엄이다. 아라리오 뮤지엄은 영화관, 모텔 등 일반적인 상업건물로 쓰이던 공간을 미술관으로 새롭게 탄생시킨 곳인데, 제주에는 총 세 개의 아라리오 뮤지엄이 있다. 미술에는 문외한이었지만, 독특한 붉은 건물이 나의 호기심을 자극했기에 세 곳을 모두 둘러보기로 하였다.

　첫 번째는 탑동시네마 건물. 영화관 건물이었던 곳인 만큼 널찍한 공간이 특징이다. 총 여섯 층에 걸쳐 다양한 크기와 다채로운 유형의 작품들이 전시되어 있다. 넓은 공간 덕인지 작품들은 충분한 거리를 두고 배치되어 있어 여유를 갖고 감상을 할 수 있다. 간략한 해설을 참고하며 고개가 끄덕여지는 작품 반, 여전히 고개가 갸우뚱해지는 것 반이다. 이해를 못하면 아무렴 어떤가. 어쩌면 작가의 의도와 감상자의 해석이 일치하는 것이 오히려 더 기적 같은 텔레파시가 아닐까. 그렇게 생각하며 이해가 안 되는 작품들은 이해되지 않는 대로 놔두

붉은 빛의 탑동시네마 건물이 시선을 사로잡는다.

며 감상하기로 했다. 그저 보는 것만으로도 시각적 즐거움을 주는 작품들도 많으니 말이다.

아라리오 뮤지엄의 두 번째와 세 번째 건물은 동문모텔의 두 건물을 재활용한 것이다. 동문모텔II를 먼저 보게 되었는데 구본주 조각가의 특별전이 전시되어 있었다. 탑동시네마 건물과는 달리 좁은 공간에 작품들이 배치되었다는 점이 특징이고, 올라가는 계단에서 모텔의 흔적들을 발견할 수 있었다. 구본주 조각가의 작품들은 주로 아버지의 삶을 테마로 하고 있었다. 작가는 평범하지만 무거운 영웅의 이야기를 익살스럽게 표현해 내었다. 아버지가 되는 것, 가정을 책임지는 삶의 무게. 언젠가 찾아올 숙명처럼 느껴지는 일이지만 그 무게

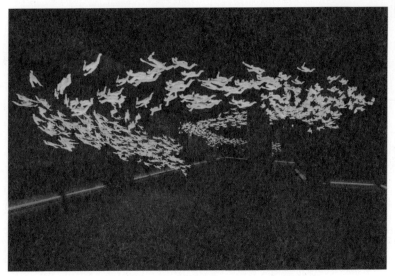

동문모텔 II, 구본주 작가의 '별이 되다'. (사진: 아라리오뮤지엄 제공)

감을 감히 상상하기에는 나는 아직 어린 듯하다.

동문모텔 II와 가까운 거리에 위치한 동문모텔 I 에서는 사회 비판적 메시지를 테마로 한 작품들이 전시되어 있었다. 우리가 당연하게 여기는 사회적 관습들에 묵직한 돌을 던지며 파문을 일으키는 예술이라는 인상이 들었다. 그 메시지들은 낯설고 익숙하지 않은 방식으로 제시되는데, 낡은 모텔 건물 속에 전시되어 있으니 왜인지 오싹한 감정을 불러일으킨다. 객실 하나하나에 무엇이 있을지 모르는 긴장감과 바닥이 깨진 화장실 등을 그대로 보여주며 불안감을 만드는 건물 구성, 의도한 것인지는 모르겠지만 전시관의 테마와 맞닿아있다는 생각이 든다. 마음 한구석에서 불편하고 불안한 감정을 불러일으키는 것, '세상이 정말로 이렇단 말이야?'라는 충격, 당연한 것이 너무나 낯설게 느껴지는 경험을 제공해주고 있었다.

미술관의 세 가지 건물들은 각자 다른 방식으로 '예술적'이었다. 화려한 것도 있었고, 참신한 것도 있었고, 난해한 것도 있었다. 예술작품들은 저마다의 방식으로 각자의 메시지를 전하고 있었다. 그 메시지가 꼭 의도한 대로 나에게 닿지는 않았을 테지만, 다양한 작품들을 보는 과정에서 나의 머릿속에 새로운 무언가가 그려졌으리라 생각해본다. 자고로 예술은 그런거라고, 어느 강연에서인가 들은 적이 있는 것 같다.

동문모텔 I, 낡은 모텔 건물에 들어서면 고정관념을 깨는 낯선 세계가 시작된다.

열세 번째 외출 : 전운이 감돌던 섬

– 알뜨르 비행장 –

'제주의 관문' 제주국제공항에는 하루 평균 250대의 항공기가 착륙한다. 하루에 250대면 한달이면 약 7,500대가 되고, 일년이면 구만 대가 넘는다. 이제껏 제주 땅을 밟은 항공기의 수를 헤아리면 그 숫자는 어마어마할 것이다.

그렇다면 제주에 가장 처음으로 항공기가 상륙한 비행장은 어디일까? 답은 제주국제공항이 아니라, 서귀포시에 있는 알뜨르 비행장이다. 알뜨르 비행장은 1930년대 당시 일제가 군사작전을 시행하기 위해 건설한 제주 최초의 비행장이다. 알뜨르는 '아래 벌판'을 의미한다. 일제는 제주 곳곳에 군사용 비행시설을 건설하였는데, 지금 제주국제공항 자리 역시 1940년대에 처음 지어진 것으로, 정뜨르 비행장이라고 불리었다.

제주국제공항으로 개발되어 활발하게 사용되고 있는 정뜨르 비행장과는 달리, 알뜨르 비행장은 현재 비행장으로 쓰이지 않은 채 과거의 흔적들을 상당 부분 간직하고 있다.

소녀상은 마치 평화를 지키는 수호신처럼 서 있었다.

알뜨르 비행장은 예상외로 부대에서 가까운 곳에 있었다. 모슬포 시내에서 택시를 타고 가니 얼마 지나지 않아 금세 드넓은 부지가 펼쳐졌다. 주차장에 내리자 키가 큰 소녀상이 눈에 들어온다. 아픈 역사의 현장 앞에서 소녀상은 마치 평화를 지키는 수호신처럼 서 있었다.

소녀상이 있는 주차장에서 세 방향으로 길이 나 있었다. 어느 쪽으로 가야 할까 고민하던 중 다크투어리즘이라고 적힌 표지판을 발견할 수 있었다. 다크투어리즘이란, 전쟁·학살과 같은 비극적 역사의 현장을 돌아보는 여행을 말하는데, 제주특별자치도는 알뜨르 비행장 일대를 다크투어리즘 현장으로 지정해 이와 관련된 관광산업을 지원하고 있다.

일제의 격납고 안에 놓인 제로센 모형. 색색의 띠에는 평화의 목소리가 적혀있다.

다크투어리즘 표지판을 따라서 길은 끝없이 이어져 있었고, 새삼 이곳 부지가 얼마나 넓은지를 실감하게 된다. 밭길을 따라 걷다 보면 밭한가운데 어색하게 떠 있는 언덕이 눈에 들어온다. 이게 다크투어리즘의 첫 유적, 일본군 벙커이다. 직접 벙커로 들어가 보니, 굉장히 좁은 출입문을 지나 작은 농구코트만 한 공간이 나온다. 한쪽에는 천장으로 뚫린 좁은 통로들이 세워져 있었는데, 이곳에서 일본군들은 적의 동태 등을 관찰하였다고 한다.

벙커에서 나와 다시 길을 빙 둘러가다 보면 다시 처음의 소녀상 자리로 돌아오고, 이번에는 두 번째 갈림길로 걸어가게 된다. 눈앞에 거대한 격납고와 비행기 모형이 보인다. 비행기는 일본 전투기 '제로센'의 모형으로, 철사 구조물로 만든 작품이었다. 철사 곳곳에 형형색색의 띠들이 장식되어 있었는데, 그 띠에는 이곳을 찾아왔던 사람들의 메시지가 담겨있었다. 거대한 군사시설을 만들기 위해 주민들에게 가혹한 수탈과 착취를 가한 일제의 행위에 경악하며, 다시는 이런 비극이 일어나지 않도록 평화를 갈망하는 목소리들, 그것들이 저마다의 분노와 슬픔의 음조를 가진 채 기록되어 있었다.

제로센 모형이 든 격납고 뒤를 지나 다시 밭길을 따라 걸으면, 금세 대여섯 개의 격납고들이 한눈에 들어온다. 격납고는 그 뒤로도, 그리고 좌우로도 사방으로 넓게 분포해 있었다. 앞서 첫 갈림길을 걸으며 보았던 것까지 포함하면 그 개수는 열 개가 넘었다. 일제가 빼앗은 농지 위에 세워진 전쟁의 흔적은, 시간이 흘러 그 땅이 다시 대한민국의 품에 돌아온 후에도 그 자리에 남아있었다. 영원한 승리를 원했던 일제의 건축물들은, 이제는 그들의 과거 행적을 증명하는 영원한 증거물로 남아있다.

처음과 두 번째 갈림길을 다 보았으니, 마지막으로 세 번째 갈림길을 따라 걸어간다. 그 길의 끝에는 추모비가 기다리고 있다. 누구를 위한 추모비일까 하고 비석을 읽어보니, 4·3 희생자의 추모비였다. 이 알뜨르 비행장의 다크투어리즘 코스는 일제에 의한 피해의 현장이기도 하지만, 동시에 해방 이후 4·3의 잔혹한 역사의 현장이기도 하였다. 이곳은 섯알오름 예비 검속의 현장이었다. 4·3 당시 섯알오름에서는 의심스러운 자를 구금한다는 예비 검속의 명목하에 무고한 시민들이 대량 학살을 당하고 암매장되었다. 추모비 뒤편 터에 나 있는 거대

일제는 자살폭파 공격 진지를 만들기 위해 송악산 절벽에 구멍을 뚫었다.

한 구덩이 두 개가 바로 희생자들이 매장된 터이다. 추모비 아래 쓸쓸하게 놓인 고무신이 억울하게 떠난 이들의 아픔을 말해주는 듯하다.

추모비 옆 계단을 올라 오른쪽으로 가면, 섯알오름으로 들어가게 된다. 좁은 숲길과 넓은 갈대밭이 반복되는 길이었는데, 4·3 당시 이곳을 숨 가쁘게 뛰어다녔을 이들의 긴박함이 어렴풋이 느껴지는 것만 같다.

섯알오름 아래에는 일제가 지은 진지동굴이 뚫려있다. 동굴 앞에는 '붕괴 주의'라고 쓰여 있지만, 그 외의 제재 문구는 없어 조심스럽게 약간 들어가 보기로 하였다. 굉장히 어두운 동굴은 스마트폰 라이트를 비추어도 앞이 보이지 않았다. 동굴 내부의 서늘한 온도와 함께 으스스한 기분이 들어 깊이 가지 않고 초입에서 바로 돌아 나오기로 했다. 설명에 따르면, 이 동굴은 오름 내부를 미로처럼 파고들어 길게

나 있다고 한다. 자칫 깊이 들어갔다가는 길을 잃을지도 모르는 것인데, 이곳에 아무런 조명도, 출입금지 표시도 해놓지 않은 점은 꽹장히 아쉬운 부분이다. 과거의 아픔을 기억하는 다크투어리즘은 이런 세세한 안전문제에 신경을 기울이는 것에서 시작해야 할 텐데 말이다.

섯알오름 밖으로 나오면 송악산이 있는 해안가가 나온다. 왼편의 산방산과 오른쪽의 송악산이 한눈에 들어오는 위치이다. 다크투어리즘의 마지막 유적은 해안진지동굴인데, 바다 가까이로 걸어가니 금방 안내판을 찾을 수 있었다. 저 멀리 해안가 바위에 큼지막하게 해안 진지용 구멍이 나 있는 것을 볼 수 있다. 이곳은 일본이 가미가제라는 자살 폭파 공격을 하기 위해 구축한 진지이다. 수십 대의 여객기가 설렘 가득한 여행객을 실어 나르는 섬과 수십 대의 전투기가 폭파 공격을 계획한 군인들을 실어 나르던 섬, 두 섬이 같은 곳이라는 사실을 실감하게 되니 마음이 착잡해진다.

알뜨르 비행장에서 출발한 다크투어리즘은, 일제의 수탈 현장과 4·3의 학살 현장을 모두 담아내고 있었다. 해방 전에도, 후에도 자유로울 수 없었던 이 섬의 아픈 역사를 다시 한번 생각해본다. 이 섬이 스스로를 '평화의 섬'이라고 부르며 갈망하고 있는 것이 무엇인지에 대해 다시금 곱씹게 된다.

열네 번째 외출 : 벙커, 빛을 품다

- 빛의 벙커 -

군생활은 외박과 휴가를 기다리는 시간의 연속이다. 휴가를 나가는 날에는 전역이라도 하는 것 같은 기분이고, 부대로 돌아오는 날에는 군생활이 처음부터 시작되는 듯한 절망감을 느끼기도 한다. 매일 부대에서 자다 보니 '여기가 내 집이렸다' 싶다가도, 한 번 외박을 나와 집에서 자고 나면 부대와 비교할 수 없는 편안함을 느끼게 된다.

내게 외박은 '집에서 자는 날' 말고도 다른 의미에서 또 특별한데, 평소에는 가보지 못하는 제주도 구석구석을 찾아갈 수 있는 기회이기도 했다.

그런데 이렇게도 소중한 외박 날, 비가 내리는 것만큼 짜증 나는 일이 있을까. 며칠 전부터 찾아가려고 계획해둔 선택지들이 모두 사라지는 것이다. 야속한 비가 유난히도 강하게 내리며 나를 약 올리는 듯했지만, 나는 제주시로 가는 버스 안에서 '제주도 실내 관광지'를 급히 검색했고, '빛의 벙커'라는 곳을 찾아내었다. 빗줄기가 머리 위로 거칠게 내리는 가운데, 친구와 함께 섬 끝자락에 있는 지하벙커를 향

빛의 벙커에선 클림트 특별전이 진행 중이었다.

해 피난길을 떠났다.

버스를 타고 가서인지 한참이 걸렸다. 따뜻했던 그해 겨울 중에서도 하필 가장 추운 날이었고, 터미널에서 비바람을 맞으며 출발한 버스는 어느새 거친 눈보라 속을 달리고 있었다. 버스에 내리고서도 10분가량을 물웅덩이를 건너가야 했고, 우여곡절 끝에 드디어 벙커에 도착하였다.

빛의 벙커는 원래 국가 기관 통신 시설을 관리하던 비밀 벙커였던

벙커 벽면을 스크린 삼아 환상적인 작품이 펼쳐진다.

곳을 문화예술 공간으로 재탄생시킨 것이다. 주차장에 들어서자마자 보이는 작은 경계초소의 국방색 외벽은 이곳이 원래 군사시설이었음을 상기시켜 준다. 조금 더 걸어 들어가 보면 드디어 본 전시관의 입구가 나오는데, 벙커라는 이름에 걸맞게도 큰 실내 규모에 비해 입구는 아주 작게 나 있었다.

우리가 갔을 땐 클림트와 훈데르트바서의 작품을 재해석한 전시가 진행 중이었다. 둘 다 내게는 낯선 이름들이었지만, 다행히 본 전시관으로 향하는 복도에서 그들의 작품세계에 대한 간략한 배경 지식이 소개되어 있었다.

복도 끝의 거대한 철문을 열고 들어서면, 드디어 화려한 빛의 세계가 펼쳐진다. 넓은 벙커 공간 속 벽, 칸막이, 기둥들이 저마다 스크린이 되어 아름다운 영상 예술을 보여준다.

클림트와 훈데르트바서의 작품들이 벽에 나란히 투영되어 정적인 전시관의 인상을 주다가도, 이내 그 작품 속 인물과 사물들이 이리저리 해체되고 이동하고 재배치되며 '살아있는 예술 공간'이 눈 앞에 펼쳐진다. 이에 더해 웅장한 음악이 각 장면의 분위기를 살려주는데, 소리가 벽에 반사되어 더욱 강하게 나를 사로잡았다.

이 색다른 미술관의 가장 큰 특징은, 관람객이 이리저리 움직이며 작품을 바라볼 수 있다는 것이다. 일반 미술관의 경우, 하나의 작품을 보기 위해 고정된 자리에서 작품을 응시해야만 하지만 이곳에서는 벙커를 걸어 다니며 사방으로 작품을 감상할 수 있다. 각 벽면에 비추어지는 영상들은 비슷한 패턴 속에서 각기 다른 디테일을 보여준다. 사방의 영상이 비슷하니 어느 한 장면을 꼭 봐야 한다고 연연할 필요도 없으면서도, 벙커 구석구석에서 디테일한 차이들을 발견할 수 있으니 관람객들은 자기가 걸어가는 동선에 따라 매번 다른 작품을 보게 되는 셈이다. 끝없이 변화하는 장면들을 영원한 형태로 포착하려는 듯 사람들은 카메라를 꺼내 들고 있지만, 저마다의 메모리카드에는 모두 다른 장면들이 저장되어 있을 것이다.

관광지의 기념품 가게에 가면 종종 '보는 각도에 따라 그림이 달라지는' 엽서들을 팔곤 하는데, 빛의 벙커는 그 엽서가 거대한 스케일로 구현된 듯하다. 벙커 공간에서 펼쳐지는 영상은 오늘도 내일도 항상 같은 것이겠지만, 기둥과 벽이라는 건축적 장애물의 배치구조와 시야와 보폭과 같은 신체적 특성의 차이가 다양한 조합을 이루며 모두가 작품을 다르게 볼 수밖에 없다. 그렇기에 그 누구도 이 작품을 '똑같이' 볼 수는 없지만, 또 한편으로는 모두가 비슷한 감상을 공유하는 마법이 이루어진다.

역동적이었던 전시가 끝이 나고 전시관을 빠져나온다. 입구가 그랬듯 출구 역시 단순하다. 세찬 빗줄기는 어느새 잦아들어 가고 있었고, 대신 벙커의 화려한 빛줄기가 잔상처럼 남아 여전히 강한 여운을 남기고 있었다.

열다섯 번째 외출 : 중산간의 설국

- 1100고지 -

'국경의 긴 터널을 빠져나오자, 눈의 고장이었다. 밤의 밑바닥이 하얘졌다. 신호소에 기차가 멈춰 섰다.'

노벨 문학상을 수상한 일본 문학의 거장 가와바타 야스나리의 소설 '설국'의 첫 문장이다. 눈 덮인 세계로 막 들어서는 순간의 이미지를 기가 막히게 표현한 이 구절은, 지금까지도 많은 사람들에게 명문으로 회자되고 있다. '설국'의 배경은 일본의 나카타현이지만, 이 문장이 주는 인상을 비슷하게 느낄 수 있는 곳이 제주에도 있다. 바로 1100고지이다. 차이가 있다면 밤이 아니라 낮에, 기차가 아니라 버스를 타고 가야 한다는 정도일 것이다.

1100고지는 서귀포와 제주도를 연결하는 1100 도로에서 가장 높은 해발 1100m 지점을 말한다. 이곳은 한라산 중턱에 자리 잡고 있어서, 등산을 하지 않고도 겨울 한라산 풍경을 만끽할 수 있는 장소이다.

겨울의 1100 고지는 그야말로 '설국'이라는 단어가 어울린다.

마침 방학을 맞아 제주로 내려온 친구 둘을 끌고 240번 버스에 올라탄다. 1100 고지 전망대로 향하는 240번 버스는, 그야말로 산을 타는 버스라고 불러도 될 듯하다. 한라산 중턱으로 향하며 좌우로 굽이굽이 얽힌 길을 달려가는 버스는 그 자체로 하나의 액티비티였다. 제주 시내를 벗어나 중산간 도로로 올라갈수록 점차 눈이 세상을 덮어나간다. 흔들리는 차창 밖으로 점점 백색의 대자연이 펼쳐진다. 겨울 산속을 누비는 노루 무리들이 빠르게 스쳐 지나간다. 산을 오를수록 광활한 겨울 왕국이 펼쳐지니, 사람들은 굽잇길의 어지러움쯤은 잊어버린 채 유리창에 스마트폰을 바짝 붙이고 셔터를 눌러댄다.

그러나 1100고지 정류장에서 내리는 순간, 유리창 너머로 찍은 사진은 모두 필요가 없어지게 된다. 사방으로 펼쳐진 순백의 풍경이 아무런 장애물 없이 그대로 내 동공에 포착되기 때문이다. 내 눈 앞에 펼쳐진 것은 이제껏 본 겨울의 제주도 중 가장 아름다운 풍경이었다. 전날 거칠게 내렸던 눈비가 결과적으로 엄청난 전화위복이 되어 어느 때보다도 아름다운 한라산 풍경이 만들어진 것이다. 정류장 옆에서, 백록 동상은 그 우아함을 한껏 뽐내고 있었고 그 옆에서는 한국 최초로 에베레스트를 정복한 제주 출신 등반가 고상돈 대장님의 동상이 늠름하게 서 있었다. 그 무엇보다도 겨울 한라산과 잘 어울리는 동상들이다.

전망대에 올라가면 눈 덮인 한라산이 한눈에 들어온다. 마치 한 폭의 그림을 보는 듯하다. 망원경으로 들여다보니 나무 한 그루 한 그루가 새하얗게 칠해진 것이 보인다. 한라산의 새하얀 풍경은 눈 덮인 나무들이 모여 만들어낸 자연의 점묘화인 셈이다.

생태탐방로의 풍경. 온 세상이 하얗게 덮여있다.

전망대에서 눈 덮인 한라산에 감탄했으니, 이제 그 속으로 직접 들어가 볼 차례다. 전망대 바로 맞은편에는 생태 탐방코스가 마련되어 있다. 겨울에는 모든 게 얼어붙어 원래 있던 생태 늪을 볼 수는 없지만, 대신 탐방로를 걸으며 눈 덮인 풍경 속으로 들어갈 수 있다. 길을 따라 들어가고 꺾을 때마다 더한 감탄을 자아내니, 마치 영화 '겨울왕국' 속 엘사의 궁전에 들어온 듯하다. 눈 덮인 나뭇가지, 바위 아래 파인 눈 자국들이 교차하며 흰색만으로도 다채로운 풍경이 만들어진다. 화이트 카펫처럼 펼쳐진 산책로가 끝나자 절로 아쉬움이 남아, 걸어온 길을 한참을 다시 돌아보며 겨울 풍경을 되새겨 본다.

열여섯 번째 외출 : 자연이 만든 조각품

- 주상절리 -

1100 고지를 거치는 240번 버스를 타고 더 내려가면, 어느덧 서귀포 남쪽 해안가에 위치한 중문 관광단지에 다다른다. 여기까지 내려온 까닭은 주상절리를 보기 위해서이다. 주상절리까지는 중문에서 택시로 10분이 채 걸리지 않았다. 이미 1100 고지를 보고 감성이 고양된 탓인지, 택시를 타고 가는 길에 펼쳐진 갈대밭과 반대편의 중문 해안가가 무척이나 아름다워 보인다. 예전 같으면 그저 스치고 지나갔을 풍경들에 조금씩 관심을 기울여보니 새삼 특별하게 느껴진다.

주상절리에 도착하니, 다시 한번 감탄이다. 자연이 만들어낸 거대한 조각품이 저 멀리 우뚝 서 있다. 주상절리는 이곳에 흐르던 용암이 급격히 식고, 쪼개져서 형성된 6각형의 기둥들이 모여 만들어진 자연경관이다. 그것이 바다의 침식작용으로 오랜 세월 동안 깎여나가며 지금의 모습이 만들어졌다. 그 모양이 너무나 반듯해서 정말로 이것을 자연이 만들어낸 것인지 의문이 들 정도였다. 직선으로 구성된 기하학적 형체들이 용암의 냉각 과정에서 우연히 형성되고, 그리고 파도

주상절리는 그야말로 자연이 만든 조각품이다.

로 인한 침식작용이 그것을 다시 한번 정교하게 깎아내는 것. 여기엔
인간에 의한 어떠한 의도성도 작용하지 않았다. 그저 자연의 원리 속
에서 걸작이 탄생하였다.

　헨리 데이비드 소로우는 그의 책 '월든'에서,

　　'지구는 화석이 아니라 살아 있는 생명체다. … 그 속에 우리
　　의 쇳물을 부어 가장 아름다운 주물을 만들수도 있지만, 그것
　　들도 대지의 용해물이 흘러나와 만든 형상처럼 나를 흥분시
　　키지는 못할 것이다.'

라고 하며 인공물과 비교될 수 없는 자연물의 아름다움을 예찬했다. 이 주상절리는 그런 위대한 자연물의 완벽한 예시가 아닐까 싶다. 주상절리를 보는 순간에도 파도는 치고 있었다. 지금도 바위는 계속해서 다듬어지는 중인 것이다. 어쩌면 내 눈앞의 주상절리는 끝없이 새롭게 그려지고 있는 자연의 행위예술일지도 모른다. 우리는 이미 종결된 작품이 아니라, 그것이 만들어지는 과정을 보고 있다.

열일곱 번째 외출 : 겨울 밤하늘의 별

- 서귀포천문과학문화관 -

1100 고지와 주상절리를 통해 산과 바다의 작품들을 보았던 2019년 2월 1일, 그날 여행의 마지막은 하늘의 작품을 보는 것이었다. 하늘에 떠있는 아름다운 장식품, 별이다.

군대에 온 이후로 예전에는 보이지 않던 것들이 눈에 들어오게 되었는데, 그중 하나가 밤하늘의 별이었다. 엄동설한의 논산 훈련소 시절 정말 우연히 보게 된 밤하늘에선, 별들이 반짝이고 있었다. 별자리라는 게 정말 눈으로 확인할 수 있는 그림이라는 것을 그날 처음 실감했다. 오리온자리 허리띠의 별 세 개가 유독 반짝이던 날이었다.

그리고 제주도 자대 배치 이후 본 부대의 밤하늘에서는 논산에서보다 더 반짝이는 별들이, 더 많이 하늘에 흩뿌려져 있었다. 졸린 눈을 비비며 투입되는 새벽 근무 때마다 밤하늘을 보는 건 나의 20개월간의 습관이었다.

아름다운 제주 밤하늘의 별을 매일같이 보면서, '이 별들을 더 제대로 볼 방법이 없을까?'라는 생각이 들었고, 제주도의 천문대를 찾게

제주 하늘의 별을 자세히 들여다보고자 서귀포천문과학문화관을 찾았다.

되었다. 그렇게 서귀포 천문대를 알게 되었다.

날씨에 따라 별을 볼 수 있는 여부가 결정된다고 하는데, 해 질 녘까지도 구름이 많아 불안한 마음을 품고 천문대로 향해야 했다. 매우 저렴한 입장료를 내고, 체험을 기다리는 동안 간단한 우주과학 체험을 할 수 있었다. 주로 어린 학생들을 위한 것 같지만, 성인 남자 셋이서 가니 그것마저 재밌게 가지고 놀았다.

예정된 체험시간이 되었고, 우선 영상 관람관에서 밤하늘 밤에 대한 사전교육을 듣게 되었다. 지루한 내용일 것이라 예상했던 것과 달리, 거의 180도까지 젖혀지는 의자에 누워 천장의 돔을 바라보는 흥미로운 체험이었다. 북두칠성으로 북극성을 찾는 법, 카시오페이아자리를 따라 보이는 안드로메다, 오리온자리 허리띠 양옆을 따라 자리 잡은 시리우스와 황소자리까지. 겨울철 별자리에 대한 친절한 설명을 들을 수 있었다.

영상이 끝나면 이젠 정말로 별을 볼 차례다. 너무도 운이 좋게 구름이 걷혀 별을 볼 수 있게 되었다. 처음 관측실에 들어가 하늘을 보니 아무것도 보이지 않아 실망했는데, 직원분께서 조명을 완전히 내리니 놀랍게도 하늘이 빛나기 시작했다. 도시의 빛들이 밤하늘 별빛을 얼마나 집어삼키고 있는지 실감하는 순간이었다.

관측실에서 본 별은 베텔게우스, 니겔, 오리온성운과 플레이아데스성단, 네 종류였다. 망원경을 통해 하나씩 관측해 볼 수 있었는데, 생각했던 것과는 달리 별이 더 거대하게 보이는 것은 아니었다. 대신 자그마한 별들이 눈으로 볼 때보다 훨씬 선명하게 빛나고 있었다. 수백 광년 떨어진 별들이 눈앞에서 이글거리고 있었다.

가장 아름다운 과학 교양서로 손꼽히는 책 '코스모스'에서, 저자 칼 세이건은 이렇게 말한다.

'별에서 만들어진 물질이 별에 대해 숙고할 줄 알게 되었다. 수소의 재에서 시작한 인류는 광활한 시공간을 가로질러 지금 여기까지 걸어왔다.'

우리는 별의 자식들이고, 저 멀리서 빛나는 것은 본질적으로 우리의 근원이다.

열여덟 번째 외출 : 황금빛 오름의 여왕

- 다랑쉬 오름 -

'오름의 왕국' 제주에는 오름만 무려 350개가 있다. 제각기 다른 매력을 뽐내는 오름들은 제주여행을 더욱 다채롭게 만들어주는 요소이지만, 31가지 아이스크림 중 하나를 고르기도 벅찬 누군가는 350개의 선택지를 앞에 두고 고민에 빠질 것이다. '어디를 먼저 가봐야 할까?' 이에 대한 제주의 답은 다랑쉬 오름이다. 식당 메뉴판 맨 위에 사장님 추천 메뉴를 올려두듯, 제주도는 다랑쉬 오름을 '오름 랜드마크'로 지정해 오름 여행 1번지로 삼았다.

비자림로를 가로질러 마을을 몇 개를 지나면, 탁 트인 벌판에 여러 오름들이 펼쳐진 광경을 볼 수 있다. 다랑쉬 오름을 필두로 아끈 다랑쉬 오름, 용눈이 오름, 은월봉 등이 모여 있는 이곳은, '오름의 왕국' 제주의 '오름의 수도'와도 같은 곳이다.

수도에서 단연 돋보이는 것은 역시 '오름의 여왕' 다랑쉬 오름이다. 겨울에 찾아갔음에도 다랑쉬 오름은 3개의 색으로 둘러싸여 매력을 뽐내고 있었다. 아래쪽에서부터 불그스름한 삼나무가 오름을 한 바

황금빛 갈대와 푸른 하늘을 양쪽에 끼고 오름을 오르게 된다.

퀴 두르고, 그 위로 황금빛 억새와 초록빛 곰솔이 어우러져 한겨울에
도 빛을 발한다.

다랑쉬 오름은 정상의 깊은 분화구가 특징인데, 그 깊이는 한라산
백록담과 맞먹는 정도라고 한다. 그래서 다랑쉬 오름은 정상까지 오
르는데 절반, 정상에서 분화구 둘레를 한 바퀴 도는데 절반이 걸린다.

오름 입구에서는 높은 삼나무가 오름 궁전의 문지기처럼 줄지어 있
더니, 첫 오르막을 넘기자 억새가 가득한 둘레길이 나온다. 산을 가로
질러 올라가는 일반적인 등산로들과는 달리, 오름을 부드럽게 감아
오르는 이 둘레길은 한편에는 억새 가득한 다랑쉬를, 다른 한편에는
탁 트인 푸른 하늘을 끼고 올라가게 된다.

다랑쉬오름에서는 그 옆에 위치한 아끈다랑쉬오름을 내려다볼 수 있다.

다랑쉬오름의 분화구는 백록담과 깊이가 비슷하다.

중간중간 마련된 쉼터는, 쉬기 위해서 뿐만 아니라 점점 달라지는 제주의 전경을 보기 위해서도 머물러 갈 필요가 있다. 바로 앞으로는 '작은 다랑쉬오름'이라는 의미의 아끈다랑쉬오름이 보이고, 저 멀리 성산일출봉, 그리고 우도까지도 눈에 들어온다. 평평한 밭이 쭈욱 펼쳐져 있는 가운데, 시야를 가리는 건물은 하나도 없고 군데군데 오름들만 솟아있다. 이것이 분명 지구 표면의 본래의 모습일 텐데, 왜인지 빌딩 숲이 없는 풍경은 낯설게만 느껴진다. 몇 개의 오름들만이 군데군데 뭉툭하게 솟아있는 풍경을 보자니, 지구가 아닌 다른 행성에 있는 건 아닐까 하는 생각이 들게 된다. 하지만 밭에서 풀이 자라고, 나뭇잎이 살랑거리는 것을 보니 이곳은 분명 지구가 맞다. 어쩌면 인간은 빌딩으로 덮인 지구 표면에 너무 익숙해진 나머지, 정작 땅과 산만이 있는 진짜 지구의 민낯을 보며 낯섦을 느끼게 된 것이 아닐까.

산을 올라갈수록 아끈 다랑쉬오름이 점점 작아지는 가운데, 드디어 정상에 도착했다. 물론 앞서 말했듯이 다랑쉬오름은 분화구까지 오르는 데 절반, 분화구를 한 바퀴 도는데 절반이기 때문에 분화구 둘레를 한 바퀴 마저 돌아보아야만 다랑쉬 오름을 완전히 올랐다고 할 수 있다.

분화구 둘레길을 따라 가장 높은 지대까지 올라갈 때만 해도, 다랑쉬의 분화구는 곰솔에 가려져 들여다보기가 쉽지 않다. 분화구 둘레길의 절반 지점을 지나고 나서야 시야를 가리는 나무들이 조금씩 줄

어들게 되고, 드디어 분화구 속을 오롯이 들여다볼 수 있게 된다. 듣던 대로 깊디깊은 분화구가 걸어 다니는 내내 눈을 사로잡는다. 한라산을 올랐을 적의 기억을 어렴풋이 되돌려보니, 얼추 분화구의 깊이가 비슷한 것 같다. 두 분화구에 차이가 있다면, 고도가 다르기 때문에 겨울 풍경이 다르게 그려진다는 점이다. 겨울의 백록담은 눈과 얼음으로 가득 찬 순백의 분화구인 반면, 이곳 다랑쉬오름은 그 정도로 고도가 높지 않기 때문에 눈이 얼어있지는 않다. 대신 한 해 동안 여문 초목들이 잔잔한 황금빛을 내며 분화구에 융단을 깔아 준다.

한편 조금 전까지 시야를 가렸던 곰솔은, 이제는 푸른빛 장식이 되어주며 분화구 구석구석의 색감을 채워준다. 그렇기에 다랑쉬오름의 분화구에는 겨울임에도 생명력이 남아있다. 분화구를 빙빙 돌며 차가운 바람이 불어오지만, 이 한기는 금빛 초목이 가진 온화한 색감, 푹신한 촉감과 대비되면서 다랑쉬오름의 따뜻함을 더욱 부각해줄 뿐이다.

열아홉 번째 외출 : 용이 누운 언덕

- 용눈이 오름 -

다랑쉬 오름을 가본 김에 바로 근처의 용눈이 오름을 가보기로 하였다. 다랑쉬 오름에서 차로 10분도 되지 않는 거리에 있는 용눈이 오름은, 다랑쉬와 함께 동부 오름의 대표주자이면서도 다랑쉬와는 다른 특색을 가진 오름이다.

용눈이 오름에 도착하자마자 눈에 띄는 것은 한가로이 풀을 뜯고 있는 말들이다. 용눈이 오름은 현재에도 방목지로 쓰이고 있는데, 덕분에 등산 관광 코스로서의 오름이 아니라 제주 목축의 근거지로서의 오름의 기능을 함께 확인시켜주는 좋은 자료가 되어준다.

목축 방목지를 지나 조성된 트랙을 따라가면, 저 멀리 은은한 능선이 세 개 이어져 있는 용눈이 오름이 보인다. 그중 두 번째와 세 번째 능선 사이를 가로지르면 금세 분화구가 눈에 들어온다. 앞서 들렀던 다랑쉬에선 분화구를 보기 위해 먼저 높이 올라야 했기에 사람들은 용눈이에서도 분화구까지의 긴 여정을 기대하겠지만, 용눈이 오름은 예상보다 훨씬 순순히 분화구를 내보인다. 다랑쉬가 '일단 오르고 분화구를 봐라'는 식이라면 용눈이는 '분화구를 보면서 올라라'는 식이다. 누가 봐도 깊게 느껴지는 다랑쉬오름의 분화구와는 달리, 용눈이오름은 비교적 얕게, 그 대신 굉장히 넓게 퍼진 형태로 형성되어 있다. 오름이라고 다 같은 모양이 아니라는 것을 잘 보여주는 예시이다. 당장 가까운 거리에 있는 두 오름부터 이렇게 다르니, 아마 제주 전역에 퍼져있는 수백개 오름들은 모두 저마다의 개성을 갖고 있을 것이다.

오름의 분화구를 '굼부리'라고 하는데, 용눈이 오름은 굼부리가 낮고 넓게 조성된 덕에 예전에는 굼부리 아래까지 들어가 볼 수가 있었다. 그러나 지금은 오름의 생태보존을 위해 굼부리 진입을 제한하고 있다.

용눈이 오름에서는 저 멀리 다랑쉬 오름의 모습을 바라볼 수 있는데, 그 뒤편으로 구름 속에 슬며시 숨어있는 한라산도 보인다. 용눈이 오름은 용이 누워있는 형세라는 것에서 그 이름이 유래하였는데, 용이 바람을 거칠게 내뿜는 것인지 등산을 하는 내내 거센 돌풍에 시달려야 했다. 등산로를 위해 깔아 놓은 야자수매트가 다 헤집어진 것을 보니, 1년 내내 바람이 강하게 부는 모양이다. 한바탕 바람을 온몸으로 겪고 나니, 저 멀리에서 돌아가는 풍력발전기의 움직임이 아주 가벼워 보인다.

용눈이 오름은 세 개의 능선이 은은하게 깔려있는 것이 특징이다.

용눈이 오름의 이름은 용이 누워있는 형세라는 것에서 유래하였다.

스무 번째 외출 : 제주를 사랑한 예술가

– 김영갑갤러리두모악 미술관 –

최근에는 제주살이라는게 인기를 얻으며 유명 연예인부터 저명한 예술가들까지 제주에 모여들고 있지만, 역사적으로 보면 제주에 발을 디딘 예술인들은 대개 자신들의 의지에 반하여 이 섬에 오게 된 경우가 훨씬 많았다. 유배 생활을 했던 추사 김정희가 그랬고, 전쟁통 속에서 피난을 왔던 이중섭 역시 그랬다. 당연한 일이다. 당시의 제주는 아무것도 없던 외딴 섬일 뿐이었을 테니, 그 누가 제 발로 이곳에 눌러앉았겠는가.

그런데 지금으로부터 30여 년 전, 제주의 아름다움을 그 누구보다도 먼저 알아차리고 터를 잡은 사진작가가 있었다. 그의 이름은 김영갑이다. 그는 1980년대 우연히 찾아간 제주에서 그 자연에 매료되었고, 그대로 제주에 눌러앉아 작품 생활에 몰두하였다. 그렇게 그는 평생을 제주의 풍경을 담아내는 데 쏟아내었다. 루게릭병이라는 것이 그에게 찾아왔지만 그는 굴하지 않고 작품 활동을 지속하였고, 제주의 한 버려진 초등학교를 개조해 김영갑갤러리두모악 미술관을 열었다. 2005년, 그는 오랜 투병생활 끝에 세상을 떠났다. 제주의 아름다움을 담은 수많은 작품들을 미술관에 남겨둔 채.

시외버스를 타고 한창, 그리고 다시 마을버스를 찾아 한창. 그렇게 미술관 입구에 들어서니, 철제인형 하나가 '외진 곳까지 찾아주셔서 감사합니다.'라는 글씨를 든 채 관람객을 맞이한다. 길을 따라 들어가면 야외 정원이 나온다. 돌과 나무와 갈대들이 계절을 거스르지 않은 채 차분한 겨울 풍경을 보여주고 있었다. 곳곳에는 작은 토우들이 마치 정원을 지키는 요정들인 양 아기자기하게 배치되어, 겨울의 적막함을 달래고 정겨운 분위기를 만들고 있었다.

'김영갑 갤러리 두모악'이 영문으로 정직하게 적혀 담백한 멋스러움을 주고 있는 미술관 건물로 들어선다. 미술관의 전시는 김영갑 작가의 이야기를 담은 다큐멘터리를 보는 것으로 시작한다. 그가 제주에 영혼을 맡긴 이유, 제주인들도 발견하지 못한 제주 미(美)의 정수를 알아보았던 그의 철학을 엿볼 수 있다.

영상관 다음 전시관인 '두모악관'에서는 그가 사랑했던 중산간의 오름, 그중에서도 제일이라는 용눈이 오름을 보여준다. 불과 며칠 전에 용눈이 오름을 올라본 덕분인지, 사진을 찍은 지점과 사진가의 시야가 어느 위치였을지 대강 짐작이 갔다. 낮고 은은한 곡선으로 나타나는 오름의 형태는 예나 지금이나 변화가 없었지만, 지금과 달리 등산로도 없고, 주변에 전신주도 없던 옛날 용눈이 오름의 모습은 지금보다 더 원시적이고 근원적인 풍경이었다.

김영갑갤러리두모악 미술관은 제주의 버려진 초등학교 건물을 활용해 조성되었다.

하날 오름관에는 제주의 미를 포착한 김영갑의 사진들이 전시되어 있다.

건물 한편에서는 김영갑 작가의 작업실을 볼 수 있었다. 작업실에는 파노라마 카메라와 책들만이 남겨져 있었다. 그가 앉았을 의자가 쓸쓸하게 비워진 채로 방문객을 맞이하고 있었다.

그 옆으로는 '하날 오름관'이라는 제목으로 그의 또 다른 사진들이 전시되어 있었다. 바다, 억새, 유채꽃. 계절별로 다른 제주의 모습들이 담겨있는데, 모두 제주의 드센 바람에 격하게 흔들리는 순간들이 포착되어 있었다. 그는 제주의 미를 단순히 외적인 아름다움에서가 아니라, 바람을 이겨내며 꿋꿋이 살아가는 정신에서 찾아내어 그것을 사진에 담아낸 것이다.

전시관 뒷문으로 나오면 야외 정원의 전시를 마저 둘러볼 수 있고, 무인카페가 마련되어 있었다. 카페 내부를 둘러보니 책장 하나가 눈에 들어온다. 책을 펼쳐보니 그간 이곳을 방문했던 사람들이 기록한 방명록이었다. 2002년부터 지금까지, 김영갑을 기억하고 그처럼 제주를 사랑하려 했던 사람들의 마음이 책에서 책으로 끝없이 이어지고 있었다.

전시관에서 보았던 다큐에서, 김영갑 작가는

'제주에는 말로 표현되지 않고 눈에 보이지는 않지만 사람들을 편안하게 하는 평화로움이 분명히 존재해요.'

라고 말하였다. 그는 제주라는 공간을 20년 동안 진득하게 파면서,

관람을 마치고, 그의 작품이 담긴 엽서를 받을 수 있었다.

제주 사람들도 모르고 있던 제주의 아름다움을 포착해내었다.

아일랜드의 작가 오스카 와일드는, '휘슬러가 안개를 그리기 전까진 런던에 안개가 없었다,' 라고 말하며 런던의 풍경을 담은 휘슬러의 작품을 극찬하였다. 그전에도 런던에는 언제나 안개가 있었겠지만, 너무 일상적이라 모두가 대수롭지 않게 여기는 풍경 속에서 오직 휘슬러만이 그 아름다움을 발견해낸 것이다. 어쩌면 김영갑 역시 제주에서 휘슬러와 같은 역할을 한 것이 아닐까. 김영갑은 제주 사람들도 모르는 '제주를 보는 눈'을 제주에 심어낸 개척자였고, 그 시선은 어느 관광 개발보다도 가치 있는 것이었다.

나를 비롯한 수많은 제주 사람들은, 제주가 너무나 일상적인 공간이라 그 아름다움을 쉽게 놓치기도 한다. 그리고 그렇게 간과되던 가치들은 외지인의 시선으로 새롭게 발견되면서 그 소중함이 비로소 다시 주목받게 된다. 혹자는 '외지인들은 제주 사정을 모르고 떠든다.'라고 하지만, 때로는 내부인의 관습에서 벗어난 관점이 대상의 본질을 더 잘 꿰뚫어 보는 법이다. 나 스스로 그린 자화상보다 남이 그려준 초상이 내 모습을 더 잘 담아내고 있듯이 말이다. 특히 그 화가가 대상에 깊은 애정을 가졌다면, 존재의 아름다움은 더욱 정확하게 포착되기 마련이다.

스물한 번째 외출 : 레트로, 추억과 유행 사이

- 명월국민학교 -

정기 외출 날 날씨가 좋으면, 종종 부모님을 졸라 드라이브를 떠난다. 운전대는 초보 운전인 내가 잡는다. 군대에서 딴 운전면허증엔 아직 잉크도 마르지 않았기에, 아직까지는 부모님의 코칭이 있어야만 운전을 할 수가 있다. 평소에는 새별오름 주차장에서 운전 연습을 하는데, 가족들과 함께 온 김에 서쪽으로 좀 더 가보기로 하였다.

아직까진 떨리는 운전대를 잡고 향한 곳은 명월국민학교. 엄마가 추천한 이 동네 핫플레이스이다. 팽나무 사이를 지나 학교 교문에 들어선다. 평범하지만 정겨운 옛 학교의 모습이 보인다. 이순신 동상과 국기 게양대가 이곳이 국민학교였음을 보여준다. 주차장에는 차들이 가득했고, 넓은 잔디밭에서는 아이들이 신나게 연을 날리고 있다. 해맑게 연을 몰며 뛰어다니는 아이들 덕분에 국민학교 건물이 비로소 생동감을 띠게 된다.

이곳 명월국민학교는 옛날에는 실제 국민학교였으나 지금은 폐교되었고, 옛 학교 건물은 카페로 개조되어 운영되고 있다.

안내문을 읽어보니 카페는 후원금으로 운영된다고 하며, 별도의 입

명월국민학교 잔디밭에서는 아이들이 연을 날리며 뛰어다니고 있었다.

장료가 없는 대신 커피 한잔을 주문해야 한다고 한다. 커피와 당근케이크를 주문하고 기다리는 사이, 다른 장소들을 둘러보았다. 카페로 이용되는 교실 문 앞에는 '커피반'이라는 표시가 붙어있었고, 그 옆 교실은 '소품반'이라고 이름 지어진 상점이었다. 소품반에는 아기자기한 장식품들과 기념품들이 진열되어 있었고, 계산대 옆에서는 방패연, 가오리연 같은 연들도 팔고 있었다. 아이들이 운동장에서 날리던 연이 여기서 난 듯하다.

그 옆 반은 '갤러리반'. 제주의 자연을 담은 아름다운 사진과 그림들이 전시되어 있었고, 방문객을 위한 포토존도 마련되어 있었다.

건물 뒤편으로 가니 자그마한 분수와 음수대가 옛 학교의 분위기

카페로 개조하면서도 국민학교 건물의 느낌을 그대로 유지하였다.

낡은 국민학교 건물이 인기 있는 카페로 재탄생하였다.

를 부각해주고 있었다. 그 사이로는 푹신한 쿠션 소파들이 놓여 있어 사람들은 여유롭게 누워 커피를 마시며 제주 풍경을 바라보고 있다.

작은 학교 건물을 둘러보고 오니, 어느새 주문한 커피가 완성되었다. 커피를 마시며 부모님의 학창 시절 이야기를 듣는다. 이곳은 부모님 세대에게는 옛 시절의 추억을, 나와 같은 젊은 세대에겐 낯섦과 익숙함 사이의 감성을 자아내는 공간이다. 옛 공간을 개량해 모두가 사랑할 수 있는 쉼터가 탄생하였으니, 아주 의미 있는 '공간의 재활용'이라 할 수 있다.

스물두 번째 외출 : 폭포가 흐르는 길을 따라

– 천제연폭포 –

중문의 남쪽 끝에 주상절리가 있었다면, 북쪽으로는 천제연폭포라는 자연의 예술품이 자리 잡고 있다. 3개의 폭포로 구성된 대규모 스케일의 천제연폭포는, 선녀들이 목욕을 하던 옥황상제의 폭포였다는 전설에서 그 이름이 유래되었다고 한다.

안내표시를 따라 계단을 내려가 보니, 에메랄드 빛의 맑은 물과 그걸 병풍처럼 감싼 바위벽이 등장해 감탄을 자아낸다. 바위벽의 한쪽 틈새에서 물방울이 조금씩 똑똑 떨어지길래 거기서 물이 쌓여 이 큰 호수를 이룬 것인가 하고 생각하다가, 오른쪽에서 힘차게 샘솟는 용천수를 보자 비로소 이 많은 물들이 어디에서 왔는지를 알아챈다.

천제연폭포의 제1 폭포는 물이 흘러내리는 곳이 아닌 물이 시작되는 곳으로, 폭포는 볼 수 없으나 비가 많이 오면 저 바위 병풍으로도 물줄기가 흐른다고 한다. 제1 폭포의 물은 고여 있는 듯하지만, 돌 틈사이를 꾸준히 조용하게 통과하며 다음의 제2 폭포를 향해 분주히 가고 있었다. 네모반듯한 돌 벽과 그 앞으로 흐르는 호수. 문득 안도 타

제 1폭포는 에메랄드빛 물과 바위 병풍이 특징이다.

다오의 본태박물관 건물과 비슷하다고 느껴졌다.

흐르는 물을 따라가면 제1 폭포의 물이 제2 폭포로 가는 과정을 좇아갈 수 있다. 졸졸졸 흐르던 물은 큰 절벽을 만나면서 비로소 힘차게 내리는 제2 폭포가 된다. 제2 폭포의 특징은, 폭포수 뒤편의 모습을 보여주며 신비감을 준다는 점이다. 서너 갈래로 내리는 폭포의 물줄기 뒤로 돌벽에 무성히 자라난 풀들의 녹색이 드러나고, 폭포 하단부의 바위들에는 폭포수가 부딪히며 돌 표면에 흰색 외곽선이 두껍게 그려지고 있다. 흐르는 물 뒤편에서 풀과 돌의 모습이 신비롭게 연출되는, 이른바 시스루 폭포라고 할 수 있겠다.

제2 폭포에는 2시 즈음에 무지개가 생긴다는 말을 듣고 시간을 맞춰 다시 찾아가 보았으나 아쉽게도 무지개는 보이지 않았다. 하기야 그것이 매일 보이면 어찌 특별함을 간직할 수 있겠는가. 폭포의 무지개를 보기 위해선 참 많은 우연이 일치해야만 할 것이다. 폭포의 물방울과 태양빛의 방향, 그리고 나의 발걸음까지. 그 세 가지가 일치할 때가 있기를 바라며 다음 방문을 기약하기로 했다.

제2 폭포의 뒤편으로는 거대한 선녀교가 보인다. 옥황상제의 칠선녀 설화를 따서 다리를 지었다고 한다. 거대한 아치형의 다리이다 보니 경사가 꽤 컸다. 다리 중간에선 제주에서 가장 높은 한라산과, 폭포수의 최종 종착지인 중문 바다가 보인다. 한라산에서부터 바다까지, 물의 여행길을 아주 거시적으로 보여주는 곳이다.

다시 다리를 건너 돌아와, 마지막 제3 폭포로 향한다. 제3 폭포로 가

제 2폭포의 폭포수 뒤로는 바위와 이끼가 그대로 드러난다.

제 3폭포에서는 폭포수가 가장 힘차게 쏟아지고 있었다.

는 길은 꽤나 멀었다. 좁은 소나무 길을 한참 걸어가고, 다시 계단으로 내려가니 비로소 제3 폭포가 나타난다. 정면에서 바라보게 되는 제2 폭포와는 달리 제3 폭포는 위에서 내려다보는 위치에 있다. 제2 폭포가 여러 물줄기로 힘이 분산되어 흐르며 투명하게 물이 흐르는 시스루였다면, 제3 폭포는 한줄기의 강한 물줄기가 흰색으로 힘차게 흐른다. 은은함보다는 강인함이 느껴지는 폭포였다.

탐라순력도를 쓴 이형상 목사는 천제연폭포를 방문했을 때 제2 폭포에서 활쏘기로 여가를 보냈다는데, 아마 관덕정에서 매일 활쏘기를 한 솜씨가 진가를 발휘하였나 보다. 임관주라는 인물이 그 활쏘기 풍경을 천하제일이라고 극찬하며 시를 썼다고 한다. 그 기록이 제1 폭포 벽면에 새겨져 있다고 하는데, 아쉽게도 육안으로는 잘 보이

지 않았다. 대신 그것을 본뜬 비석이 폭포 입구에 세워져 그 이야기
가 전해지고 있었다.

스물세 번째 외출 : 10km의 풍경화

- 제주국제평화마라톤 -

2019년 3월 31일. 처음으로 10km 마라톤 공식 대회에 도전하였다. 제주국제평화마라톤대회가 열리는 한림체육관에서는, 매우 이른 아침임에도 수많은 사람들이 모여 달리기를 위해 분주히 몸을 풀고 있었다. 아침 식사 대신 에너지바를 한 조각 베어 물고 나 역시 그 인파 속에서 틈틈이 몸을 풀어둔다.

티셔츠에 번호판을 달고, 신발에는 기록 측정용 페이퍼를 달아둔다. 평소 축구를 즐기며 쌓아둔 체력에 대한 자신감과 함께, 10km라는 숫자의 막연함, 게을렀던 연습량이 주는 불안감이 공존한다. 애초에 목표는 완주하는 것이었으니 여유로운 마음을 가지면서도, 기왕에 하는 거 좋은 기록을 가져갔으면 하는 욕심도 생겨난다.

풀코스, 하프코스를 달리는 주자들을 먼저 보내고, 드디어 땅! 10km 코스 주자들이 달리기 시작한다. 부드럽게 한 발짝 한 발짝 내딛기 시작한다. 한림 체육관에서 나온 후에도 초반 몇 분은 선두그룹들과 엇비슷하게 달려나갔다. 근데, 어라, 생각보다 몸이 가볍지가 않다. 체력이 없다기보다는 리듬이 안 맞는 느낌이다. 다른 방법은 없다. 몸이 익숙해질 때까지 달릴 수밖에.

호흡이 제 자리를 찾을 때쯤, 슬슬 다리가 아프기 시작한다. 오랜만에 달리기라 그런지 정강이 근육이 저릿한 느낌이다. 최대한 신경 써서 한 발짝 한 발짝을 디뎌보지만 나아지지 않는다. 내 몸이지만 정말 가지가지한다는 생각이 드는 시점이다.

시작한 지 7-8분쯤 지났을까, 2.5km 돌파를 알리는 표지판이 나왔다. 이제야 1/4이라니, 앞으로 갈 길이 멀었다. 그래도 슬슬 호흡도 다리도 적응을 마치고 다 괜찮아지기 시작해, 즐거운 마음으로 달리던 참이었다. 마침 2.5km 지점은 옹포 사거리에서부터 금능해수욕장까지이다. 유년 시절의 생활공간이었던 곳이고, 매해 여름의 추억이 담긴 길이었다. 어릴 적의 심부름 길이었고 명절 세배 길이었던 옹포리 거리를 여유롭게 지나갔다. 금능해수욕장 방향으로 달리면서는 저 멀리 보이는 비양도를 따라 바닷가 러닝의 낭만을 가지려 했지만, 거센 바닷바람이 얼굴을 끊임없이 때려댔다. 바람을 맞으며 힘겹게 달려가지만 5km 반환점은 아직도 요원하다.

5km가 이렇게 긴 길이었나, 하던 참에, 반대편으로 달려오는 사람들이 슬슬 보이기 시작했다. 드디어 반환점이다. 반을 넘은 것만으로도 완주에 한층 가까워진 느낌이 든다. 이제 남은 건 여태 달려온 길을 다시 돌아가는 것뿐이다. 이런 생각을 하니 저절로 힘이 생겨난다. 하나 이런 흐름도 잠시, 마지막 2.5km 구간은 처절한 정신력 싸움이

완주를 마치고 나니 비로소 벚꽃 풍경이 눈에 들어온다.

었다. 군생활도 병장 때가 시간이 가장 느리게 흐르듯이, 달리기를 할 때도 마지막 몇 킬로가 가장 길게 느껴졌다. 체력은 빠지고 있고, 바닷바람은 계속 정신없이 얼굴을 때리고, 발가락도 아프다. 정신력을 유지하며 속으로 '거의 다 왔다'는 말을 되새김질한다.

드디어 출발 지점이었던 한림체육관이 저 멀리 보이기 시작한다. 남은 힘을 다 써버리고자 체육관까지 전속력으로 달려갔다. 그리고, 골인. 기록은 딱 50분이 나왔다. 첫 대회치고는 나쁘지 않다고 생각하며, 기념 메달을 받아 들고 사진을 찍었다. 잠시나마 나만의 올림픽에서 메달리스트가 되어본다.

잠시 휴식을 가지고 체육관을 나오자, 조금 전의 나처럼 완주를 앞두고 마지막 힘을 내는 사람들이 보인다. 그리고 그 위로 벚꽃이 만개해 있었다. 방금 달릴 때까지만 해도 보이지 않았는데, 완주를 마치고 나니 그제야 벚꽃이 눈에 들어온 것이다. 벚꽃길 사이를 달려가는 풍경이 참 멋있었겠구나라는 생각이 든다. 그렇게 뛰어온 길을 다시 되감기 해본다. 내게는 너무나 익숙한 길이었지만, 뛰는 순간만큼은 참 다르게 느껴졌던 길이었다. 이게 달리기의 매력이 아닐까. 풍경을 느긋하게, 진득하게 음미하는 '걷기'와 달리, '달리기'를 통해서는 풍경을 빠르게 스케치하듯 포착하게 된다. 빠르게 뛰는 심장박동만큼이나 빠르게 그려지는 풍경은, 걸을 때와는 또 다른 인상을 남겨준다. 처음 달려본 사람치고는 꽤나 거창한 감상이지만, 언젠가 새로운 풍경 속에서도 이런 스케치를 다시 그려보고 싶다는 열망이 샘솟는다.

스물네 번째 외출 : 봄바람 휘날리며

- 장전리 벚꽃축제 -

제주는 전국에서 가장 일찍 벚꽃이 피는 지역인 데다, 섬 곳곳에 벚꽃이 자라는 벚꽃 명소가 여러 곳 있다. 그래서 벚꽃축제는 현지 도민들에게도 관심과 사랑을 받는 지역축제로 손꼽힌다. 제주의 벚꽃이 특별하게 보일 수밖에 없는 관광객들과 연인들뿐만 아니라, 봄기운을 만끽하고픈 학생들, 가벼운 마음으로 산책을 나오는 가족들까지, 모두가 어우러질 수 있는 축제이다.

3월 30일과 31일, 이틀에 걸쳐 벚꽃축제가 열렸다. 31일 한림에서의 마라톤 대회를 마치고 돌아가는 길에 근처에서 열리는 장전리 벚꽃축제를 둘러보기로 하였다.

제주 시내에서 열리는 전농로 벚꽃축제보다는 사람이 적겠지 싶어 기대했지만, 예상보다 훨씬 많은 차량과 인파가 북적거린다. 멀찍이 차를 주차해두고 마을로 들어서니, 흥겨운 사물놀이 소리가 축제 분위기를 전해준다. 사람들은 푸드트럭 앞에서 먹거리를 사려고 길게 줄을 서고 있다. 그러나 막상 나무 위의 벚꽃은 다소 횡했는데, '아무

벚꽃나무 아래 축제부스들이 줄지어 마련되어 있다.

래도 벚꽃 개화시기가 매년 다르다 보니 축제시기를 완벽하게 맞추기는 어려운가 보다', 하는 생각을 하며 조금 더 걸어가 보니 그제야 벚꽃이 만개한 아름다운 거리가 나타났다.

분홍빛의 벚꽃이 양옆으로 줄지어 주욱 늘어져 있으니, 마치 벚꽃 터널 속에 있는 듯했다. 맑은 하늘과 선선한 바람은 이제 정말 봄이 왔다고 말해주는 듯하다.

지역주민들이 준비한 먹거리 사업, 각종 체험활동과 아기자기한 공예품들, 그리고 그것을 즐기는 사람들이 이 벚꽃 터널을 시끌벅적하게 만들며 정겨운 느낌을 준다.

사실 벚꽃을 즐기려면 제주 어디를 가든 괜찮지만, 그럼에도 굳이 벚꽃축제를 가는 이유는 자연에 봄이 온 것뿐만이 아니라 사람들 사

벚꽃 사이에 '길'이 있어야 비로소 축제가 완성된다.

이에 봄이 왔음을 확인하기 위함일 것이다. 봄이 오면 울려 퍼지는 노래 '벚꽃엔딩'의 가사처럼, 사랑하는 연인들과, 알 수 없는 친구들과 봄바람 휘날리는 이 거리를 걷는 것. 그리하여 '내가 벚꽃을 본다.'를 넘어 '우리가 봄을 맞이한다.'는 의미를 공유하고자 하는 것이다.

그렇게 보면, 벚꽃 축제의 주인공은 '길가의 벚꽃'이 아니라 '벚꽃 사이의 길'이 아닐까 싶다. 벚꽃이 피어, 그 길 위로 사람들이 다니고 이야기가 흘러야 비로소 축제가 완성될 테니 말이다.

스물다섯 번째 외출 : 봄을 칠한 길

- 가시리 유채꽃 축제 -

봄이 온 지 얼마 되지 않아 아직 푸르지는 않던 길을 지나, 녹산로에 들어서니 한순간에 봄이 펼쳐졌다. 처음에는 유채꽃들이 노란빛을 내며 반겨주더니, 점차 화사한 벚꽃들이 줄지어 모습을 드러냈다. 드문드문 초록 싹이 나기 시작한 벚꽃은 벌써 그 끝을 향해간다는 아쉬움 때문인지 더 아름다워 보이고, 아직 만개하지 않은 유채꽃들은 앞으로도 봄일 것임을 암시하며 또 다른 기대감을 안겨준다.

유채꽃 축제 기간이라 녹산로 도로에는 오고 가는 차들로 무척이나 붐볐다. 멀찍이 차를 세워두고 유채꽃 축제가 열리는 조랑말박물관 일대까지 걸어가야 했다. 도로 양옆을 가득 채운 벚꽃과 유채꽃의 조합은 가는 길에 몇 번이고 스마트폰 카메라를 작동시켰다. 분주히 오가는 차들 때문에 아름다운 봄의 길을 찍지 못해 아쉬워하던 참에, 차량을 통제한 구간이 나타났다. 차량이 비워진 짙은 먹빛의 아스팔트 길은 도로 양옆의 봄꽃들로 아름답게 치장되어 있었다. 벚꽃축제에서 보았던 것처럼, 이 길 위로 사람들이 즐겁게 오고 가며 봄의 활기

녹산로에서는 유채꽃과 벚꽃을 한 번에 즐길 수 있다.

찬 분위기를 완성시키고 있었다.

도로 옆 편으로 줄지은 푸드트럭들을 지나 조금 더 들어가 보니, 유채꽃밭이 드넓게 펼쳐져 있었다. 마치 이 계절, 이 동네의 주인공은 자기라는 듯, 유채꽃은 햇빛을 받아 반짝이며 산뜻한 노란빛을 뽐내고 있었다. 사람들은 꽃 사이사이를 누비며 사진을 찍고, 꽃내음을 맡고, 추억을 그려낸다. 유채꽃밭에는 커다란 풍력발전기들이 조형물이 되어주며 단조로울 뻔했던 노란색 풍경을 치장해주었다. 네덜란드의 풍차와 튤립처럼, 이곳에는 풍력발전기와 유채꽃이 한 짝을 이루고 있었다.

이곳은 원래 조랑말 방목지로 유명한 마을인지라, 축제장 한편에 조

노란 유채꽃은 한없이 펼쳐져 봄기운을 내뿜고 있었다.

랑말 박물관과 승마 체험장 건물이 아기자기하게 자리 잡고 있었다. 조랑말 박물관은 유채꽃 축제 기간에는 운영되지 않았지만, 잠시 용도를 바꾸어 아이들의 그림 전시관인 동시에 봄나들이 손님들을 위한 카페가 되어주었다.

알록달록하게 칠해진 승마장에는 왜인지 말이 보이지 않았는데, 안내판을 보니 다른 장소에서 승마체험이 진행 중이었다. 화살표를 따라가 보니 작은 말들이 모여 봄볕의 여유를 느끼고 있었고, 그중 몇 마리는 관람객들을 태우고 유채꽃밭을 누비고 있었다. 여기까지 온 만큼 말을 한번 타보고 싶어, 체험비를 내고 승마체험을 하기로 하였다. 말에 오르니 시야가 훌쩍 높아졌다. 말은 조련사의 지시에 따라 고분고분 잘 걸어가 주었다. 처음엔 말의 걸음걸이마다 좌우로 흔들리는 느낌이 낯설었지만, 이내 그것은 리듬감 있는 진자운동이 되어 왠지 모를 흥겨움을 주었다. 높은 위치에서 둘러보는 유채꽃밭은 내 키 높이에서 볼 때와는 또 느낌이 달랐다. 유채꽃이 더 넓게, 멀리 보였다.

축제장에서 팔고 있는 간식을 사 먹고, 다시 처음 왔던 녹산로 길로 돌아가 보았다. 저녁에 예보된 비 소식이 정확했는지 습기 머금은 바람이 점차 불어오기 시작했다. 벚꽃잎은 그 바람을 타고 흩날리면서 들어올 때와는 다른 운치를 전해주었다. 큰 비를 앞두고 벚꽃비가 우아하게 내리고 있었다. 벚꽃 아래에 있는 유채꽃은 마저 남아서 남은 봄을 꾸미겠다는 듯, 벚꽃잎들을 사뿐히 받아내고 있었다.

스물여섯 번째 외출 : 남쪽 해안가의 바위들

- 산방산과 용머리해안 -

내가 근무했던 129 의경대는 산방산이 보이는 풍경을 가진 곳이었다. 제주도 어디를 가든 항상 저 멀리에 있는 한라산이 먼저 보이는데, 우리 부대가 있는 서귀포시 대정읍에서는 산방산이 우뚝 서서 한라산보다 더한 존재감을 보여주었다.

손을 뻗으면 닿을 듯한 거리에 있던 산방산은 내게는 날씨 지표이기도 했다. 산방산이 얼마나 선명하게 보이는지에 따라 그날의 날씨를 가늠해볼 수 있었다. 정말 날씨가 좋은 날에는 산의 질감까지 선명히 보이는 경우도 있고, 반대로 날씨가 심하게 좋지 못하면 산이 아예 사라져 버리기도 했다.

산방산을 찾아간 날은 약간 구름이 낀 날씨였다. 날씨가 가장 맑을 때 가보고 싶었지만, 봄에만 볼 수 있는 산방산의 풍경을 놓칠 수가 없었기에 약간의 구름 정도는 감수해야 했다.

'산'이라 이름 붙여져 헷갈릴 수도 있겠지만, 산방산 역시 화산활동으로 인해 형성된 오름의 일종이다. 그럼에도 산이라고 부르는 이유

산에 들어서면 사찰 건물이 가장 먼저 방문객을 맞이한다.

는 그 형태가 일반 오름들과는 차이가 있어서인듯하다. 붓으로 부드럽게 그려낸 듯 은은한 곡선미를 가진 다른 오름들과는 달리 산방산은 굵은 선으로 힘 있게 그려진 듯한 옹골찬 산이다. 분화구가 없는 바위산이라는 점도 특이하고, 그 크기 역시 다른 오름들에 비해 큰 편이다. 여러모로 존재감이 남다른 오름인 것이다.

산의 입구를 들어서면 가장 먼저 사찰 건물들과 거대한 불상이 보인다. 산 곳곳에서 종교적인 공간이라는 인상이 드러나는 것이 산방산의 또 다른 특징이다. 사찰의 건물 자체는 소박한 규모이지만, 뒤로는 산방산에 등을 받치고 있고 앞으로는 거대한 불상을 안고 있어 웅장한 분위기를 자아낸다.

이 거대한 오름의 정상까지 오를 의욕으로 왔지만, 아쉽게도 산방산은 자연보호를 위해 2021년 12월까지 등반이 금지되어 있었다. 다

산방산 풍경 덕에 이곳은 제주에서 가장 아름다운 유채꽃밭 중 하나가 되었다.

만 산방굴사까지 가는 것만이 허용된다. 산 중턱에 동굴이 하나 있는데 이것이 산방굴사이며, 산에 방이 있다는 뜻인 산방산이란 명칭이 여기에서 유래하였다.

산방굴사를 가는 길은 생각보다 쉽지가 않았다. 꽤나 가파른 경사로 이루어진 코스였다. 산방굴사 매표소까지 가파르게 올라가고, 입장표를 산 후 다시 힘차게 올라가면 드디어 산방굴사에 도착하게 된다. 산방굴사로 가는 길 곳곳에는 낙석방지를 위해 그물이 쳐져 있고, 바위산 틈새로 난 나무들이 시야를 가려 멋진 풍경이나 생생한 산자락을 보기는 어려운 구조였다.

그렇게 도착한 산방굴사는 말 그대로 바위산에 크게 뚫린 구멍이었다. 그 속에는 불상이 놓여 있었고, 그 불상 앞으로 제단이 차려져 있었다. 많은 여행객들이 그 앞에서 기도를 드리고 있었다. 굴 안으로 직접 들어가 보니, 천정에서 물방울이 한 방울씩 떨어지며 고인 약수가 있었다. 한 모금 떠서 마시니 맛이 나쁘지 않다. 왜인지 산의 좋은 기운을 가져갈 수 있을 것만 같아 한 모금 더 마셔본다.

이곳 산방산 일대에는 늦겨울 즈음부터 일찌감치 유채꽃이 피기 시작한다. 제주에서 가장 먼저 유채꽃을 볼 수 있는 장소 중 하나인데, 특히 산방산을 끼고 있는 덕에 더욱 특별한 유채꽃 풍경을 즐길 수 있다. 내가 이곳을 찾은 이유 역시 유채꽃 수확기가 되기 전에 그 풍경을 담아내고 싶었기 때문이다. 날씨가 조금 더 선명했으면 하는 아쉬움이 있지만, 미세먼지에도 산방산의 위용은 쉽사리 가려지지 않았다.

유채꽃밭 사진을 찍고 바다 쪽으로 더 내려가면, 용머리해안의 지질 트래킹 코스가 나온다. 산방산과 더불어 이 지역 최고의 자연경관으로 손꼽히는 용머리 해안은, 제주에서 가장 오래된 암석이기도 하다. 오래전 폭발한 세 개의 화산체가 모여 용머리 해안을 형성하였고, 그것이 오랜 세월에 걸쳐 파도와 바람에 의해 침식되며 현재의 모습을 형성하였다.

그렇지만 이런 지질학적 배경 지식을 전혀 모르고 있더라도, 용머리 해안 트래킹 코스에 들어서면 누구든 감탄할 수밖에 없을 것이다. 해안가를 따라 형성되어 있는 선명한 지층구조는 공룡이 살던 시대로 온 것만 같은 인상을 준다. 이전에 대만에서 보았던 예류 지질공원

용머리 해안의 풍경은 산방산을 등에 업음으로써 비로소 완성된다.

이 떠오르기도 한다.

이 이국적인 풍경 한가운데에선, 아주머니들이 고무대야에 해산물을 담아 팔고 있었다. 용머리해안의 경관이 대수롭지 않은 듯 무심하게 해산물을 팔고 있는 모습에서 왠지 모르게 현지의 멋이 느껴진다. 이곳이 공룡시대도, 외국도 아니고 여전히 제주라는 것을 말해주는 듯하다.

그러나 이곳이 제주라는 사실을 깨닫게 되어도 경관이 주는 감동에는 변함이 없다. 탐방로의 오른편에선 바다가 햇빛을 받아 반짝이며 다가오다가 새하얀 파도를 리듬감 있게 치며 바다 내음을 위로 올려보낸다. 왼편에서는 한 편의 그림 같은 지층 그림들이 연속되고 있었

이대로라면 몇십 년 내로 용머리 해안이 영원히 물에 잠길지도 모른다.

다. 오른편으로 바다를, 왼편으로 지층을 끼고 걸어가다 보면 두 풍경 사이로 산방산이 등장한다. 산방산의 등장으로 사계 해안가의 풍경은 비로소 완성된다. 용머리해안 풍경 뒤편으로 펼쳐진 산방산은 고급 병풍과도 같아서, 안 그래도 경이로운 자연경관을 더욱 멋들어지게 만들어준다.

　그런데 이 진귀한 경관을 볼 날이 얼마 남지 않았을지도 모르겠다. 기후변화로 인해 용머리 해안이 물에 잠기고 있기 때문이다. 용머리 해안으로 들어가는 매표소 옆에는 기후변화홍보관이 조그맣게 마련되어 있는데, 그곳에는 상당히 거대한 문제가 제시되어 있었다. 최근 제주 해안은 지구 평균의 3배 속도로 해수면이 상승하고 있다고 한다. 1970년부터 2007년까지 이미 해수면이 22.7cm 상승하였고, 이대로라면 2100년까지 1m가 넘게 상승하여 용머리해안이 완전히 잠기고 만다고 한다. 기후변화 문제는 더 이상 먼 미래의 일이 아니다. 그것은 바로 지금 이 자리에서 일어나고 있는 문제이다.

스물일곱 번째 외출 : 녹색 숲, 붉은 점

- 동백동산 -

4월의 봄날, 정말 오랜만에 제주의 숲을 찾아가 보았다. 동백동산. 람사르 습지로 지정된 만큼 생태학적으로 가치 있는 곳이면서, 사람들에게는 잘 알려지지 않아 조용하게 찾아가기 좋은 곳이다. 안내센터에서 코스에 대한 간략한 설명을 듣고 숲으로 들어선다.

동백동산은 제주에 분포된 곶자왈 중 하나이다. 곶자왈은 화산활동으로 만들어진 암석지대 위에 형성된 제주의 독특한 숲을 가리키는데, 열대 북방한계 식물과 한대 남방한계 식물이 공존해 생태학적 보고와도 같은 곳이다.

동백동산 숲으로 들어서니 울창한 나무가 하늘을 가리고 선선한 바람이 순환하며 다른 공간으로 들어섰다는 것을 실감하게 해준다. 나무들 사이로 간간이 스며드는 햇빛은, 역설적으로 이 숲이 얼마나 넓은 하늘을 가리고 있는지를 보여준다. 짙은 녹색으로 가득한 이 풍경을 제대로 사진에 담고 싶지만, 그 느낌을 살리기가 참 어렵다. 첫째로는 스마트폰 카메라의 렌즈가 이곳의 짙은 초록의 매력을 온전히

이곳의 동백은 숨겨져 있기에 더욱 특별하다.

복사해내지 못하는 탓이고, 둘째로는 사방으로 가득한 녹색의 세상을 담아내기에 카메라의 시야각은 무척이나 제한적이기 때문이다.

사진이 아쉬운 만큼 눈으로 확실히 담아두기로 하고 숲을 거닐어 보았다. 이끼를 입고 있는 돌들, 덤불이 엉킨 나무들, 곳곳에서 무성한 양치 고사리들, 이들 사이를 걸어가 본다. 숲길 초입부에 길 안내를 위해 깔려있던 야자수 발판은 어느새 사라졌고, 대신 조약돌이 가득한 길이 이어졌다. 발판의 편안함은 없어졌지만, 나의 걷기가 전보다 자연과 더 가까워진 듯했다.

아참, 동백동산이라 했으니 동백꽃을 찾아보려고 하였으나, 생각보다 찾아보기가 힘들다. 사실 동백동산이란 이름을 갖고 있기는 하지만, 이곳에서는 카멜리아 힐이나 위미 동백 군락지와 같은 동백 천지를 기대하고 갔다간 실망하게 될 수도 있다. 하지만 이 동산이 이름

봄의 동백동산에서는 낙엽이 지는 가을의 풍경이 연출된다.

값을 못 한다는 뜻은 결코 아니다. 선흘 동백동산은, 특별한 방식으로 동백을 즐길 수 있는 곳이다.

　이곳의 동백은 숨겨져 있기에 더욱 특별하다. 이미 겨울이 지나 떨어진 꽃잎들도 간간이 보이는 가운데, 중간중간 동백나무에 남아있는 동백 몇 송이를 볼 수 있었다. 동백꽃들은 손으로 셀 수 있을 만큼 조금씩만 볼 수 있었지만, 검은 돌과 녹색 초목의 향연 속에서 그 붉음을 수줍게 밝히고 있었다. 새카만 밤하늘에서는 북두칠성이 일곱 개의 점만으로도 주인공이 되듯이, 이 숲에선 동백이 그런 존재였다. 특별히 과시하지도 번성하지도 않은 채 제 위치만 겸손하게 지키지만, 그런 꾸민 듯 꾸미지 않은 모습 덕에 만날 때 더욱 반가운 존재이다. 이곳의 동백은 소박함이 주는 소중함을 아는 꽃이다. 그런 생각을 하니 동백동산이라는 이름이 참 잘 어울린다는 생각이 든다.

봄철 동백동산의 또 다른 특징은, 바로 낙엽이다. 돌멩이 길을 덮은 낙엽들은 천연 카펫이 되어 이 숲의 운치를 더해주었다. 겨울에 진 낙엽이 아직도 남아있는 건가 싶었지만, 내가 숲을 다니는 순간에도 낙엽은 흩날리며 떨어지고 있었다.

탐방이 끝난 뒤 안내센터에 여쭈어보니, 이 낙엽은 종가시나무라는 도토리나무에서 떨어지는 것이라고 한다. 이 나무는 특이하게도 봄에 옷을 갈아입는다. 숲의 선선한 기온 속에서 종가시나무 낙엽이 흩날리니, 봄 속의 가을 풍경이 만들어진다.

숲의 절반쯤을 지나면, 이 숲의 메인이라고 할 수 있는 먼물깍 습지가 나온다. 람사르 습지로 지정된 먼물깍 습지에는 얕은 물이 고여 있었다. 생각했던 것보다 소박한 규모의 습지였지만, 물 위를 유유히 헤엄치는 소금쟁이와 물방개들을 보니, 숲속 생물들의 아늑한 보금자리로 적당한 공간이라는 생각이 든다.

숲의 나머지 절반은 아스팔트 길과 바윗길로 이루어져 있다. 유일하게 하늘이 열려있는 아스팔트 길은 주변 마을과 맞닿아 있는데, 초록 세상에서 잠시 나와 형형색색의 봄꽃들을 감상할 수 있다. 매화, 유채, 벚꽃 등 다양한 꽃들이 길을 장식한다. 한편, 그곳을 지나 다시 숲으로 들어서면 만나게 되는 바윗길은 지형의 고저가 심해 꽤 난이도가 느껴지는 길이다. 하지만 그만큼 본연 그대로의 곶자왈을 누빈다는 기분을 얻을 수 있는 코스이다.

스물여덟 번째 외출 : 제주 4·3을 기억하며

– 제주 4·3 평화기념관 –

거대한 벽면에는 시들이 적혀있다. 시인들, 학생들, 도민들이 써 내려간 시들은 역사의 아픔을 절절하게 노래하고 있었다. '나 죄 어수다'라는 문구 하나가 눈에 들어온다. 그렇다, 이 역사는 죄 없는 자들이 무고하게 희생된 사건이었다.

시의 벽을 지나 눈앞에는 푸른빛 건물 하나가 들어선다. 제주 4·3 평화기념관이다. 이곳에서는 4·3의 역사를 찬찬히 그리고 자세히 들여다볼 수 있다. 사실에 기반한 역사자료와 당시의 기억을 표현한 아트워크 등 다양한 전시구성으로 현대사의 비극을 증언하고, 평화의 가치를 알리며, 희생자의 넋을 기릴 수 있는 공간이다. 무엇보다도 역사 서술에서 소외되어 온 민중, 평범한 사람들의 이야기를 담았다는 점에서 특별한 역사관이기도 하다.

전시관은 '역사의 동굴'을 들어가는 것부터 시작된다. 4·3 사건이 일어나는 기간 동안 도민들은 학살을 피해 중산간 지역의 동굴로 숨어

시들의 벽을 지나 제주 4·3 평화기념관 건물에 들어선다.

들었다. 어둡고 답답한 공간 속에서 불안감과 공포심이 그들을 옥죄
었을 것이다. 터널을 지나면 하얀 비석이, 아무런 글씨도 없이 누워있
다. 4·3 사건이 아직 온전히 해결되지 못하였음을 상징한다. 비문이
쓰이고 비석이 세워지는 그날이 오기만을 기다리지만, 아득히 높은
천장은 아직 가야 할 길이 많이 남았음을 시사하는 듯하다.

　2관, '흔들리는 섬'에서는 일제 말기에서부터 인민위원회의 자치 시
기, 미군정의 통치기의 역사를 보여준다. 해방이라는 희망감과 가능
성, 동시에 한 치 앞도 알 수 없는 불확실성과 불안감의 시기. 이 긴
장감은 3·1절 발포사건을 계기로 후자의 우세로 기울게 된다. 3·1절
발포사건에 대한 항의로 제주에서는 대규모 민관총파업이 시작되었
고, 이에 미군정은 제주를 '레드 아일랜드'로 단정짓고 탄압을 가세한

새하얀 벽에는 가장 잔혹한 현장이 조각되어 있었다.

다. 이념의 갈등은 점점 더 고조되었고, 결국 4월 3일 남로당의 무장
봉기가 시작된다.

3·1절 발포사건의 충격은 붉은 벽면으로 표현되었다. 이 사건 이후
제주의 역사는 핏빛으로 물들어가기 시작했다. 공포감과 충격을 주
는 붉은빛이다. 이전까지 평범하던 전시관의 색채는 발포사건과 탄
압, 무장봉기의 역사를 지나며 점점 더 어둡게 표현된다.

3관, '바람 타는 섬'에서는 무장봉기의 전개 과정을 보여준다. 처음
에는 미군정과 무장대간 협상이 진행되었고, 극적인 타협을 통해 더
이상의 희생을 멈출 수 있을 것만 같던 바로 그때, 오라리 방화사건
이 일어난다. 우익청년들이 저지른 방화는, 경찰에 의해 무장대가 자
행한 것처럼 조작되었다. 당시 한반도는 5·10 총선거와 단선 반대 운

동 등으로 인해 혼란 속에 있었고, 제주는 그 혼란을 온몸으로 겪어가는 중이었다. 산으로 올라간 제주도민들의 모습을 담은 강요배 화백의 그림은 전통적이고 토속적인 평화를 담고 있었지만, 그림의 감상자는 이후의 역사를 알고 있기에 불안감을 느낄 수밖에 없다. 이어져 나오는 초토화 작전은 그 불안감을 좌절로 끌고 간다.

4관의 제목은 '불타는 섬'이다. 제주에는 계엄령이 선포되었고, 해안선으로부터 5km 이상 들어간 중산간 지대에 초토화 작전이 시행되었다. 이 지역의 마을은 모두 불에 타고, 주민들은 시간 내에 해안가로 내려와야 했다. 그러지 않은 주민들은 무차별로 학살되었다. '죽음의 섬' 전시에서는, 그들이 얼마나 끔찍하게 목숨을 잃었는지가 표현되어 있다. 마을은 분열되었고, 가족은 파괴되었고, 사람들은 목숨을 잃었다.

국가권력과 무장대 간 이념 갈등과 다툼 속에서 무고한 제주도민 수만 명이 목숨을 잃었다. 토벌대는 중산간지대에서 무자비한 대규모 학살을 이어나갔고, 무장대 역시 마을을 습격하고 주민들을 살해했다. 죽음이 필연이 된 세상, 그것이 4·3 당시의 제주였다.

다랑쉬 특별전시관에는 도민들이 숨어 들어갔던 동굴의 현장이 재현되어 있었다. 이렇게 눈에 띄지 않게 숨어 들어가면, 토벌대는 연기를 피워 동굴 안 사람들을 질식사시켰다. 어디서도 죽음을 피할 수가 없었다.

시간이 흐를수록 무장대 세력은 점점 와해되었고, 이내 그 수장이

제주 4·3의 진실찾기는 아직 현재 진행형이다.

사살되며 사실상 소멸되었다. 그러나 무장대의 붕괴 이후에도 검속과 탄압은 계속해서 이어졌고, 한국전쟁은 탄압의 불을 더욱 타오르게 만들었다. 사람들은 계속 죽어나갔고, 산 사람들은 필사적으로 '나 빨갱이 아니요'를 증명해야 했다. 그 증명은 다시 갈등과 싸움을 수반하였으니, '빨갱이가 아님에도' 총에 맞은 사람들과 '빨갱이가 아니기 위해' 총을 쏘아야 한 사람들의 악순환이 지속되었다. 그렇게 수년간 수많은 사람들이 희생되었다. 스크린에서는 그렇게 희생된 사람들의 이름이 끝없이 나열되고 있었다.

이름들을 지나, 5관 '평화의 섬'에 이르게 된다. 갑자기 밝은 빛과 흰색 벽이 들어서며 이전 전시관들과는 대조되는 분위기가 조성된다. 마치 천국을 표현한 것 같다. 그러나 그 천국의 건설은 진행형이기에, 여전히 쑤시는 아픔과 혹시 모를 긴장감, 어딘지 모르게 경직된 태도 역시 수반하고 있다. 빛의 세계는, 아직까지는 자연스럽게 느껴지지 않는 듯하다. 오랫동안 사람들을 괴롭힌 연좌제, 난리를 피해 고향을 떠나야 했던 제주인들, 총알의 흔적을 평생 안고 살아야 했던 피해자들. 이들의 이야기는 4·3이 그 이후의 수십 년을 괴롭혔음을, 그래서 고질병이 되어버렸음을 보여준다.

그러나 변화는 천천히 그리고 차근차근 이루어졌다. 현기영 작가의 소설 '순이삼촌'이 그전까지 쉬쉬해오던 역사를 세상에 드러내었고, 2000년 4·3 특별법 제정에 이어 노무현 대통령 임기에 이르러 국가의 사과도 이루어졌다. 여전히 진상규명이 우직하게 진행되고 있고, 4·3은 점차 부정할 수 없는 역사로서 공고해져 가고 있다.

전시된 비디오 아트에는 현기영 소설가의 말이 기록되어 있다.

'끊임없이 4·3을 재기억하는 일이 중요합니다. 재기억이란 지워졌던 역사적 기억을 되살려 끊임없이 되새기는 일, 대를 이어 미체험 세대가 그 기억을 계승하는 것을 말합니다.'

마지막 6관, 에필로그에선 갈등과 아픔의 역사를 넘어 평화와 인권의 상징이 되어가는 4·3의 이야기가 만들어지고 있었다. 명령에 따라 총을 쏠 수밖에 없던 이들 역시 희생자로 보는 상생의 가치, 평화와 인권을 기리는 4·3평화상 제정 등, 분열과 공포로 한없이 돌아가던 방향키는 이제 시민들에 의해 화해와 인류애의 방향으로 돌아가는 중이다. 마지막 출구통로에는 희생자들의 사진이 걸려있었다. 이들의 얼굴을 하나하나 살펴보며, 전시관을 빠져나온다.

스물아홉 번째 외출 : 바다의 윤곽선 위로

- 섭지코지 -

경사가 심한 길을 한 고개 오르니 이후로 완만한 길이 이어지고, 저 너머로는 시원한 바다 풍경이 펼쳐져 있다. 큼직한 바윗돌들이 쌓여 형성된 해안선과 그 뒤로 펼쳐진 맑고 투명한 바다, 이 길을 걸으며 줄곧 보게 될 광경이었다. 그리고 길의 끝에는 흰색 등대 하나가 우리를 기다리고 있었다.

길을 따라 걸어가다 보면 커다란 과자집이 하나 나온다. 이 해안가 위에 과자집이라니. 어떻게 쓰이는 건물일까 하는 궁금증이 들었지만, 내가 찾아갔던 당시에는 리모델링 중이라는 안내가 놓인 채 들어갈 수도 없는 상태였기에 그 호기심을 해소할 수 없었다. 나중에 알고보니 이 건물은 드라마 '올인' 세트장을 개조한 것이라고 한다.

한때 이 섭지코지는 '올인' 세트장으로 유명한 장소였다. 원래 과자집 자리에 있었던 성당 세트장이 인기를 끌었다고 한다. 그런데 시간이 너무 많이 흘러 드라마의 기억이 희미해져 가니, 이제는 올인 촬영장이기보다는 섭지코지라는 이름 자체로 인기 있는 관광지가 되었다.

등대에서는 섭지코지의 전경이 한눈에 들어온다.

올인 세트장을 지나 해안길을 계속 따라가니 저 멀리 높은 지대 위로 등대가 보인다. 등대를 향해 언덕을 올라가니, 섭지코지의 모든 전경이 한눈에 들어온다. 이제껏 걸어온 길을 거꾸로 되짚어보기도 하고, 투명한 에메랄드 바다에 또 한 번 감탄하기도 한다. 고개를 돌리니 저 멀리 우도와 성산일출봉이 보이고, 그 앞에는 안도 타다오의 건축물들이 있어 풍경을 더욱 고급지게 만들어준다.

가파른 계단을 따라 등대를 내려오면, 얼마나 높은 곳에서 전망을 바라보았는가를 실감하게 된다. 이제는 보다 낮은 지대에서 봄꽃들을 더 가까이서 보며 길을 걷게 되고, 바다 역시 비슷한 눈높이에서 바라보게 된다. 섭지코지의 길은 마지막에 저 멀리 있는 성산일출봉을 보여주면서 마무리된다.

출구 안내를 따라 돌아가는 길을 걸어가면, 등대에서 내려다보았던 안도 타다오의 건축물들을 만나고 갈 수 있다. 글라스하우스라는 건축물에선 특유의 노출 콘크리트 양식이 눈에 띄며 안도 타다오의 세계로 들어왔음을 실감하게 해준다. 건물 내부는 지포 라이터 박물관으로 운영되고 있었는데, 라이터를 쓸 일이 딱히 없는 나였지만 독특한 라이터 디자인들을 흥미롭게 감상할 수 있었다.

글라스하우스의 하이라이트는 건물 외부에 설치된 콘크리트 벽이다. 벽 한가운데에 네모나게 구멍이 뚫려있어서, 그 사이로 성산일출봉이 액자 속 사진처럼 들어온다.

글라스하우스를 지나 좀 더 걸어가면, 안도 타다오의 두 번째 건물인 유민미술관이 나온다. 언뜻 봐서는 작은 정원 같지만, 안으로 들어갈수록 시야에 가려진 곳들이 새롭게 눈에 들어오면서 공간이 확장되는 경험을 하게 된다. 안도 타다오는 이렇게 의식적으로 시야를 배치함으로써, 오래 그리고 자세히 보아야 아름다운 건축물을 만들었다고 한다. 그의 시그니처인 노출 콘크리트와 함께, 그것을 두르며 제주의 돌담이 높이 쌓아 올려져 있고, 그 사이로 하늘이 열려있다. '물의 길'에서는 길 양옆으로 물이 힘차게 흐르고 있었고 그 길의 끝에는 성산 일출봉의 풍경이 기다리고 있다. 그는 제주적인 상징들을 그의 스타일로 아름답게 기획해 내었다.

유민 미술관을 나오면 다시 섭지코지가 나오고, 처음 걸어왔던 산책로를 되감아 걸으며 섭지코지를 복습하듯 빠져나오게 된다.

서른 번째 외출 : 섬 아래 흐르던 용암의 흔적

- 만장굴 -

    만장굴로 가는 교통편은 무척이나 복잡했다. 부대가 있는 대정읍에서 제주시 버스터미널까지, 버스터미널에서 김녕 환승정류장까지, 그리고 다시 마을버스를 타고 만장굴 입구까지. '이번 정거장은 만장굴 입구입니다.' 안내음을 따라 내렸는데, 어라, 그냥 대로변이다. 뭔가 이상해 지도를 확인해보니 내가 내려야 했던 곳은 '만장굴 입구'가 아니라 '만장굴' 정류장이었다. '만장굴 입구'에 내려버렸으니 '만장굴'까지 2.5km를 더 걸어가야 했다. 서울대에서 한창 떨어진 서울대입구역도 그렇고, 아무래도 교통체계에서 '입구'의 개념은 내 생각보다 훨씬 관대한 듯하다. 약간의 오르막길이긴 하였으나, 생각보다 단순하게 길이 나 있는 덕에 헤매지 않고 만장굴에 도착할 수 있었다.

    만장굴은 세계 자연유산으로 지정된 거문오름 용암동굴계의 일부로, 그중 가장 큰 규모를 자랑한다고 한다. 거문오름 용암동굴계라는 것은 말 그대로 거문오름에서 분출된 용암이 흐르며 형성된 동굴들을 가리킨다. 만장굴을 비롯해 뱅뒤굴, 김녕굴, 용천동굴, 당처물 동굴 등

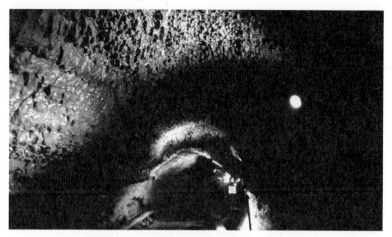
낮은 천장 덕에 용암 종유의 모양을 자세히 들여다볼 수 있다.

이 거문오름 용암동굴계를 구성하지만, 안전 및 보존을 이유로 대부분이 출입이 불가하고, 만장굴만이 공개되고 있다.

만장굴도 일부 구간만이 개방되어 있는데, 3개의 입구 중 제2 입구의 1km가량의 구간이 관람이 허용된다. 매표를 하고 동굴로 들어서니, 내려가는 계단에서부터 시원한 공기가 확 밀려온다. 계단 몇 칸을 밟아가는 사이에 계절이 두어 번은 바뀐 듯하다. 동굴의 냉기와 어둠은 신비로운 인상으로 호기심을 자극하는 동시에, 내딛는 발걸음 하나하나를 조심스럽게 만든다. 이미 탐방을 마치고 빠져나가는 듯한 수학여행객 학생들이 떠드는 소리가 동굴 벽면을 타고 울려 퍼진다.

탐방객의 안내를 위해 설치된 조명의 어스름한 빛을 따라 본격적으로 동굴 탐험을 시작한다. 조명들이 없었다면 이곳이 얼마나 캄캄한 암흑 속이었을지 생각하니 괜히 으스스해진다.

거북바위는 마치 제주도를 등에 짊어진 듯하다.

처음으로 눈에 띄는 것은 벽면의 용암 흔적들이다. '유선 구조'라고 하는데, 용암이 흘러간 흔적이 남아있는 것이다. 용암이 흘렀던 흔적들이 선으로 남아있어, 이곳에 얼마나 많은 용암이 흘러갔는지를 알 수 있게 해준다.

넓었던 동굴의 통로는 서서히 좁아지더니, 이번에는 천정의 용암종유들이 눈에 들어온다. 용암에 고드름처럼 붙어있는 이 용암 구조물은 생각보다 천정이 낮아 자세히 관찰힐 수 있었다. 벽면과 천장, 넓은 길과 좁은 길을 번갈아 드나들며 이곳을 거세게 관통했을 용암 덩어리들을 상상해보았다. 섬 전체가 거대한 용광로였을 테다. 시간이 흘러 그 위에 초목이 자라고, 사람이 터를 잡고, 농사를 짓고, 건물을 세워나갔다. 문득 내가 자라난 땅의 근원적 형태를 보고 있단 생각에 경외감이 든다.

만장굴의 용암석주는 높이가 7.6m에 이른다.

중간쯤 다다르니 거북바위를 보고 가라는 표지판이 있다. 뜬금없이 인공조형물이라도 갖다 놓은 건가 싶었는데, 실제 용암형성물이었다. 동굴 천장에서 떨어진 낙반과 흐르는 용암이 함께 굳어 형성된 암석 덩어리가 신기하게도 거북이 모양으로 형성된 것이다. 들여다보니 거북이가 등에 섬을 받치고 있는 형상이다. 옛사람들이 상상했던 세상의 모습이 이와 비슷하지 않았을까. 그런 생각을 하니, 문득 눈앞의 거북바위가 고대신화의 상징물 같이 느껴진다.

내가 만장굴을 찾아간 날은 동굴 내 습도가 91%에 달해 동굴 안에서도 비가 내리는 듯하였다. 바닥에 촉촉하게 물기가 남아있고, 가끔씩은 천정에서 물방울이 거세게 쏟아지기도 하였다. 물방울을 피해 조심스럽게 걸어가다 보니 어느새 이 동굴의 끝에 다다랐다. 정확히는 개방된 구간의 끝이고, 그 뒤로는 출입이 금지된 구간이 이어져 있었다.

관람 구간의 마지막에는 높이 솟은 용암 석주가 최종 보스처럼 서 있었다. 천장에서 바닥으로 흐르던 용암이 굳으면서 기둥 모양으로 만들어진 것이다. 만장굴의 용암 석주는 높이가 7.6m에 달한다고 한다.

이 최종보스를 상대로 사진을 한창 찍고나면, 이제는 다시 입구로 돌아갈 차례다. 게임이라면 이쯤에서 아이템을 사용해 동굴을 탈출할 수 있지만, 현실은 그럴 수 없으니 왔던 길을 다시 되짚으며 가보도록 하였다. 들어올 때는 천장과 벽에 시선을 빼앗겼는데, 돌아가는 길에서는 바닥을 한번 관찰해보기로 하였다. 동굴의 바닥은 마치 두꺼운 밧줄들이 겹겹이 놓인 듯한 모양이었는데, 이 역시 용암이 흘러 만들어진 것이었다. 사람들이 밟고 지나가는 바닥이니 한번 만져 봐도 되겠다 싶어 손을 가져다 대어 보았다. 바닥은 습기가 느껴지는 동시에 표면이 매끄럽고 밀도가 상당한 느낌이었다.

그렇게 바닥 관찰까지 마치고 동굴 밖으로 나서니, 다시 더위에 숨이 막혀온다. 어두운 동굴이 그리워지는 순간이다.

서른한 번째 외출 : 작은 섬 한 바퀴

- 우도 -

제주 최고 인기 관광지 중 하나인 우도는, 내 2년간의 제주여행에 있어 최대 숙원사업이었다. 동쪽 끝 섬을 갔다 와야 하니 외출로는 무리가 있고, 외박이나 휴가로 가려고 계획을 잡아두면 번번이 비가 내리기 일쑤였다. 마지막으로 한번 더 시도해보자, 라는 생각으로 외박 일정을 잡아두었고, 몇 번이고 날씨를 확인하였다. 약간의 비가 올 것이라던 전날까지의 예보와는 달리, 외박날 날씨는 무척이나 좋았고, 하늘에는 구름도 보기 좋게 흩뿌려져 있었다.

우도로 가기 위해선 우선 제주도 동쪽 끝으로 향해야 한다. 우도로 갈 수 있는 항구는 두 곳, 성산항과 종달항인데 보통 성산항으로 많이 간다. 성산항에 도착하니 거대한 공영주차장 건물, 그리고 그 안을 가득 채운 하, 허, 호 렌터카들이 우도가 얼마나 인기 있는 관광지인지를 실감케 했다. 배편 역시 많아 30분 단위로 배를 탈 수 있었다. 우리 가족은 11시 30분 배를 타고 우도로 향했다.

물살을 가르고 빠르게 달려간 배는 일출봉과는 점점 멀어졌고, 반

무작정 걸어간 해안가에서 본 우도봉 풍경은 무척이나 아름다웠다.

대편으로 우도 섬이 가까워졌다. 소가 누운 모양이라고 하는데, 솔직히 어디가 머리고 꼬리인지는 잘 모르겠다. 어쨌건 생각보다 훨씬 빠르게 10분 만에 섬에 도착했다. '섬 속의 섬 우도'라는 팻말이 우도의 시작을 알려주었다. 배가 도착한 항구에는 사람들로 북적거렸고, 각종 식당과 렌터카, 원동기 업체도 무수히 많았다.

　지도 한 장 들고 무작정 길을 나선 우리 가족은 우선 해안가를 따라 걸어가기로 했다. 아득한 해안가를 따라 걸어가다 보니 점차 우도의 높은 봉우리로 가까워졌다. 높은 우도봉과 그 밑으로 바닷물이 흐르는, 아름다운 광경이 내 눈을 사로잡았다. 그러나 우리가 가던 길은 더 이상 올라갈 수 없는 길이었고, 다른 길을 새로 찾아야 했다.

다시 항구로 돌아와, 버스를 타고 새롭게 여행을 시작하기로 하였다. 우도 여행에 이용할 수 있는 교통수단은 다양하지만, 비용과 안전 등을 고려하면 버스가 가장 괜찮은 선택지이다. 버스의 경우 항구에서 일일권을 끊으면 저렴한 비용으로 하루 종일 이용할 수 있고, 배차 간격도 매우 짧아 편하게 이용할 수 있다. 그리고 기사님이 해주는 우도 해설을 들을 수 있다는 점 역시 큰 장점이다.

버스를 타고 처음 도착한 곳은 우도봉이다. 우도봉은 우도에서 가장 높은 봉우리로, 완만하게 경사진 오름이다. 큰 어려움 없이 금세 오를 수 있는 오름이었다. 말 방목지였던 우도의 역사를 보여주듯이 입구로 들어서자마자 말을 기르는 모습을 볼 수 있으며, 등산로 너머의 바다 풍경이 기대감을 증폭시킨다. 조금만 걸어 올라가면 전망대가 나온다. 처음 걸어갔던 해안로와 그 뒤로 펼쳐진 숲과 밭, 항구와 민가까지, 우도의 풍경이 한눈에 들어온다. 저 멀리 성산일출봉과 종달리역시 보여 제주 본섬과의 거리를 가늠해 볼 수 있다.

우도봉을 찍고 다시 길을 따라 내려가면, 등대공원의 표지판이 보인다. 우도의 옛 등대가 있는 장소에, 등대를 테마로 조성해 놓은 탐방로이다. 등대를 향해 올라가는 길에선 세계의 등대, 한국의 등대 등을 테마로 한 미니어처 전시가 이루어져 있었고, 곧이어 등대 박물관이 나온다. 우도 등대의 역사, 제주의 여러 등대 등 등대에 대해 여러 지식을 얻을 수 있는 곳이다.

우도 구등대. 우도 곳곳에는 크고 작은 등대들이 각자 개성을 뽐내고 있다.

박물관 뒤로는 실제로 오랜 기간 우도 주변의 항해를 지도했던 옛 우도 등대가 나온다. 지금은 우도 신 등대가 만들어지며 은퇴한 등대이다. 우도에는 구등대와 신등대 말고도 곳곳에 크고 작은 등대들이 있는데, 등대를 찾는 재미 역시 쏠쏠하다.

다음 행선지는 검은 모래 해변이다. 검은 모래 해변은 짙은 모래 색깔이 인상적인 곳이었다. 암벽에 선명하게 드러난 지층면이 매력적인 배경이 되어주고 있었다. 고운 모래라 발이 푹푹 빠지는 것을 조심하며 깊숙이 들어가 보면, 해안 동굴이 형성되어 있다. 밀물 때라 작은 구멍 하나밖에 보지 못했는데, 썰물이 되면 우도 8경 중 하나인 동안경굴이 모습을 드러낸다고 한다.

검은색 모래를 품고 있는 검은 모래 해변은 검멀레 해변이라고도 불린다.

검은 모래 해변이 있는 해안도로변에는 카페가 모여 있어 쉬어가는 관광객들이 많았고, 그만큼 많은 렌트카들이 주차되어 있었다. 이날 우도를 다니며 느낀 인상은, '좋은데, 너무 넘친다'였다. 렌트카, 원동기, 스쿠터…. 모든 사람들이 쉽게 운송수단을 빌리고 다닐 수 있다 보니 안 그래도 좁은 섬의 골목이 온통 차들로 가득 찼고, 아찔한 순간들도 종종 생겼다. 넘쳐나는 차량들은 넘치는 우도의 인기를 증명하는 것이겠지만, 안전과 환경을 위해선 적절한 조절이 필요해 보인다.

검은 모래 해변가의 좁은 도로를 지나 향한 곳은 비양도였다. 비양도는 우도 동쪽에 붙어있는 또 다른 작은 섬이다. 그러니까 섬 속의 섬 속의 섬인 것이다. 지금은 육로로 드나들 수가 있어 따로 배를 탈 일은 없었다. 버스 기사님의 말에 따르면 이곳 비양도의 끝에도 등대

서빈백사는 검은 모래 해변과 대조되는 새하얀 산호해변이다.

가 있다 해서 곧장 찾아가 보았다. 돌다리로 연결된 길을 따라 등대가 보였다. 특이하게도 검정과 노랑의 조합으로 칠해져 있어 유독 멋진 등대였다.

비양도 다음의 행선지는 섬의 북쪽 끝 망루였다. 여기서는 3가지 포인트에 주목하면 된다. 우선, 망루. 바다와 맞닿은 망루는 항구에서 출발해 우도의 절반을 돌았다는 표시가 되어준다. 두 번째로 등대, 앞에서 언급했던 구등대가 은퇴하고 이곳에 있는 신등대가 그 역할을 대신하고 있었다. 마지막으로 하트, 등대 옆으로 난 큼직한 웅덩이에는 물이 하트 모양으로 고여 있었다.

거쳐가야 할 관광지가 많았던 우도 동쪽과는 달리, 망루를 지나 향한 서쪽은 비교적 볼거리가 많지는 않았다. 대신 가장 확실한 한방을 가지고 있었는데, 바로 서빈백사이다. 우도 8경 중 가장 독특한 경관인 서빈백사는, 별명만 해도 4가지나 된다고 한다. 우선 산호사 해변. 이곳 해변은 산호가 오랫동안 깎아 만들어진 해변으로 실제로 크고 작은 산호 알맹이들을 확인할 수 있다. 그리고 서빈백사, 우도 서쪽의 하얀 해변을 예찬해 선조들이 지은 이름이다. 홍조 조류가 해안으로 들어와 퇴적된다고 하여 홍조단괴 해빈이라고도 불리며, 최근에는 관광객들이 산호 알맹이의 모양을 보고 팝콘 해변이라고도 부른다고 한다.

서빈백사의 새하얀 풍경에 감탄하는 것을 마지막으로, 우도 한 바퀴가 끝이 난다. 둘러볼 것이 참 많은 우도였고, 제주 본 섬과는 또 다른 매력이 넘쳤기에 역시 인기가 많을 만하다는 생각이 들었다. 그러나 이 작은 섬에 너무 많은 사람이 오가니 에너지 과잉이라는 느낌도 분명했다. 에너지가 과하면 더 빨리 지치는 법이다. 적절한 에너지 조절을 통해 이 섬의 매력을 고갈시키지 않고 두고두고 즐길 수 있는 섬으로 만드는 것이 필요해 보인다.

서른두 번째 외출 : 돌담 위의 선인장

- 월령 선인장 마을 -

제주 서쪽 해안가를 따라 쭉, 월령리에 도착하였다. 오후에 예보된 큰 비를 앞두고 날씨는 마지막 맑음을 쥐어 짜내고 있었다. 후텁지근한 날씨 아래 갈증을 달래기 위해 우선 카페부터 들렀고, 선인장 마을에 온 만큼 선인장 에이드를 마시기로 하였다. 달짝지근하면서 특유의 걸쭉함이 있는 선인장 에이드는 다른 카페 음료들과는 다른 범주에 속한 듯한 독특함을 가졌다. 굳이 설명하자면 알로에와 라즈베리를 섞은 듯한 느낌이다.

한 손에 에이드 잔을 들고 카페 옆길로 조금만 올라가니 선인장 마을의 지도가 그려진 벽화와 함께 선인장 산책로가 시작되었다. 개성도 없으면서 막상 알아보기도 힘든 양철 표지판이 아닌, 알록달록한 벽화로 약도를 표시한 것이 참 기발하다.

벽화 지도만큼이나 선인장 산책로의 풍경 역시도 신선한 광경이었다. 한편으로는 바다가 푸르른 빛을 내뿜고, 반대편으로는 제주 시골 마을 풍경이 돌담 너머로 보인다. 그리고 그 사이에 있는 새까만 바위

알록달록한 벽화 지도가 선인장 마을 방문객을 안내한다.

들 위로 선인장들이 빽빽이 덮여있었다. 바다와 돌담이라는 전형적인 제주 풍경 위에 덮여있는 선인장은, 익숙한 풍경에 이국적인 매력을 얹어주었다. 그러면서도 제주 바닷가 풍경에 아주 자연스레 동화되어 한 치의 어색함도 주지 않았다. 사막에서나 있을 법한 선인장이 바닷가에 퍼져있다는 점이 신기하면서도, 그 선인장은 여느 바닷가의 따개비들처럼 자연스럽게 다닥다닥 붙어있던 것이었다.

바닷가의 선인장이 낯설면서도 자연스럽게 느껴지는 이 양가감정은, 안내판의 설명을 보고 비로소 납득이 가기 시작했다. 오랜 옛날 멕시코의 선인장 씨앗이 해류를 타고 제주에 도착해 바위틈에서 자라기 시작하였고, 그것들이 어느새 이곳 생활의 일부가 되어 매우 당연하단 듯이 마을의 풍경을 만들어내고 있던 것이었다. 특히 산책로

제주의 바다와 돌, 그 위에 녹색 선인장이 덮여 독특한 풍경을 만든다.

에 있는 선인장들은 문화재로 보호되고 있기에 그 특별함과 유구함
이 더욱 부각되는 듯하다.

선인장은 중간중간 노란 꽃을 맺은 것도 있고, 붉은빛 열매를 맺은
것도 볼 수 있었다. 이 특이한 식물이 어떤 과정을 거쳐 자라나는지를
추측해볼 수 있는 대목이다.

엄마는 어릴 적 저 선인장 열매를 따고 놀았다고 한다. 그 시절에는
거슬리던 잡초 정도의 대우를 받았을 선인장이, 시간이 흐르고 인식
이 바뀌어 이제는 관광상품이자 문화재로 가치를 얻게 되었으니, 이
선인장 역시 제주 사회의 변화를 어김없이 겪었구나 하는 생각이 든

다. 길에 치이던 것의 재발견, 그 무수한 것들의 재발견을 통해 제주는 그 생태적·역사적 가치를 발전시켜 온 것이 아닐까.

산책로가 끝나고 나서도, 선인장은 여전히 누군가의 밭, 어느 가정집의 돌담 등에서 쉽게 찾아볼 수 있었다. 그렇게 선인장을 따라 동네를 돌아다니다, 제주의 아픈 역사 한 조각을 마주하게 되었다. 무명천 할머니의 집이었다.

4·3 희생자이신 무명천 할머니는 4·3 사건 당시 턱에 총격을 맞게 되어 남은 평생을 무명천으로 턱을 가린 채 살아가셨던 분이다. 4·3 사건의 민간인 희생을 상징하는 인물이셨던 할머니는 평생 그 후유증을 안고 살아가시다 2004년 세상을 떠나셨다. 이제는 문화재가 된 할머니의 집에는 묵묵히 삶을 견디어 오신 흔적과 그런 할머니를 기리는 메시지들로 가득하였다.

2칸짜리 작은 집에는 생전의 물건들이 그 자리를 지키고 있었다. 매일같이 붙이셨을 파스와 미처 따지 못한 병 콜라가 그대로 남은 채 작지만 무거운 역사를 증언하고 있었다. 방문객들이 피웠던 향의 냄새와 책상 위에 놓인 동백꽃 장식, 그리고 방 한편에 쌓여있는 마을 어린이들의 응원 편지들까지. 사람들은 저마다 아름다운 방법으로 할머니의 삶을 기억하고 있었다.

서른세 번째 외출 : 반짝이는 여름 숲

- 청수곶자왈 반딧불이축제 -

의무경찰 복무를 하다 보면 지역 곳곳에 대민지원을 나가게 된다. 5월에는 마늘 농가 지원을 나가 마늘을 뽑고 8월에는 태풍 피해 농가를 도와 비닐하우스를 철거하는 등, 사시사철 일손이 필요한 곳이 많다. 대민지원은 주로 그런 단순 노동이 대부분인데, 가끔씩 지역축제를 돕는 기회도 있다. 이상하게도 나는 지역축제 때마다 외박이 겹쳐 한 번도 가보지 못했는데, 운 좋게도 전역 직전에 반딧불이 축제에 지원을 갈 기회를 얻을 수 있었다.

평소 부대 주변 풀숲에서 심야에 반딧불이 몇 마리가 떠다니는 것을 보았던 터라, 이 불빛들이 모이면 어느 정도까지 밝을지 궁금하던 참에 직접 확인해 볼 기회가 생긴 것이다. 나를 비롯해 많은 대원들이 몇 주간 축제 주차안내 업무를 도와주었고, 축제를 열심히 도운 덕분인지 축제 마지막에 드디어 반딧불이 체험에 참여할 기회를 얻게 되었다.

반딧불이 축제가 열리는 청수리 곶자왈에는 매년 여름에 반딧불이가 활동한다고 한다. 제주에선 반딧불이를 불난지라고도 부르며, 이 불난지들은 청정지역에서만 볼 수 있다고 한다. 반딧불이의 공간에 인간이 들어가는 것이니 불필요한 소음과 빛을 내어선 안 된다는 주의를 듣고, 본격적으로 탐방이 시작되었다.

여태껏 곶자왈 숲들은 참 많이도 가보았지만, 한밤중에 들어가 보는 것은 처음이었다. 탐방객들은 나란히 줄을 지어 조심스럽게 들어가는데, 달빛과 별빛, 그리고 해설가 선생님의 작은 야광등만이 희미하게 길을 비출 뿐이었다. 다행히 눈은 점차 어둠에 적응하여 길을 얼추 따라갈 수 있게 되었다.

그러나 문제는 우리가 보고 싶던 빛은 보이지 않았다는 것이다. 숲으로 조금 들어가자 반딧불 몇 마리가 간간이 보이긴 했으나, 그 정도는 부대 주변에서 누구나 보았을 정도였다. 곳곳에서 실망의 볼멘소리가 새어 나오고 있었다. '겨우 이 정도를 보려고 한 시간 동안 걸어야 한다고?'

그런 생각을 가졌던 것도 잠시, 탁 트인 길을 지나 나무와 덤불이 빽빽한 진짜 숲길로 들어서니, 밝은 빛들이 숲길 양옆을 따라 분주하게 터지기 시작했다. 처음엔 고양이가 지나가며 눈을 밝히는 것 같이 깜빡거리던 빛들은, 숲을 걸어 들어갈수록 더 역동적으로 점멸하며 마치 시상식의 카메라 플래시 세례처럼 폭발적인 광채를 뿜어내었다. 반딧불이의 빛은 1초당 한번 꼴로 깜빡였는데, 수십 수백 마리가 각자의 타이밍에 맞춰 스위치를 깜빡거렸고 그것들이 모여 숲에 리듬감을 부여하고 있었다. 수가 많아서인지, 방해하는 인공 빛이 없어서인지, 아니면 이 숲의 반딧불들이 유독 힘찬 것인지는 모르겠지만, 각각이 밝히는 불빛의 강도는 부대에서 보던 것과는 차원이 달랐다. 대개는 수풀 저 너머에서 신비롭게 불을 내뿜었으나, 그중 몇 마리는 사람들이 걸어가는 길로도 날아와 우리를 반겼다. 손을 뻗으면 닿을 듯한 거리에서 떠다니는 반딧불은 이 불빛이 환상이 아니고 현실임을 알려주는 정령 같았다.

코스는 완전한 숲길과 중간중간 하늘을 열어둔 시멘트 길이 혼재되어 있었다. 시멘트 길에선 7월 여름밤의 청명한 밤하늘을 볼 수 있었으나 그만큼 반딧불은 적었다. 일부가 사유지인 이 곶자왈 속 시멘트 길들은, 곶자왈의 환경적 가치가 알려지기 전에 만들어진 것들이다. 과거엔 그냥 잡초와 덤불로 덮여 못 쓰는 땅이었기에 개발해야 할 곳으로만 바라봤던 것이, 이제는 그 가치를 인정받아 생태체험의 장으로 보존되고 있다. 곶자왈, 더 크게는 제주 환경자원에 대한 인식 변화의 역사가 이 축제 속에 숨어있던 셈이다. 그 가치를 조금 더 일찍 알았더라면 끝없이 이어지는 반딧불의 길을 걸어볼 수도 있었겠으나, 그 시대의 가치와 우선순위가 달랐던 것을 누굴 탓하겠는가. 어쩌면 개발의 시기를 거쳤기에 보존의 시기를 향한 공감대 역시 형성될 수 있는 것일지도 모르겠다. 중요한 것은 지금이라도 보존하고자 하는 인식을 확고히 하는 것일 테다.

시멘트길에서 다시 나무로 닫힌 숲으로 들어갔는데, 건장한 20대장병들 발걸음에 맞춰 속도를 내셨던 해설사님도 이곳에선 우리를 멈춰 세웠다. 그리고 앉아서 감상해보라고 말하셨다. 그 말을 따라 좀 더 낮은 눈높이에서 보니, 시야에 들어오는 반딧불이 더욱 많아졌다. 본태박물관에서 보았던 무한 거울방이 훨씬 더 큰 스케일로 자연 속에서 구현된 듯하다. 마치 꿈을 꾸는 듯한 순간이었다. 자연에서 만든 빛이, 작은 생물의 생체 작용이 만들어내는 빛이 저렇게도 강렬할 수 있다니. 생명체의 무궁무진한 가능성을 새삼 깨닫는 순간이었다.

닫힌 숲을 나와 마지막 시멘트길을 거치며 반딧불의 향연이 사그라지는 가운데, 앞사람의 머리에 반딧불 한 마리가 붙어 깜빡거리며 모두에게 웃음을 주었다. 그 한 마리가 다시 날아가 버릴 때쯤 코스는 끝이 났고, 우리는 다시 인공 빛의 세계로 돌아왔다.

※ 반딧불이 축제 탐방 중에는 사진을 찍을 수가 없다.

서른네 번째 외출 : 수국이 핀 숲길

- 절물 자연휴양림 -

　무더운 여름날, 더위를 피하기 위해 찾은 곳은 바다가 아닌 숲이었다. 절물 자연휴양림에 들어서자 높디높은 삼나무들이 상쾌한 피톤치드를 내뿜고 있었다. 숲속에는 평상과 벤치들이 놓여 있어 편안하게 휴식을 취할 수 있었다. 일정상 평상에서의 휴식을 음미하지는 못하였지만, 언젠가 이곳에서 낮잠을 자기 위해서라도 다시 와야 하나 싶을 정도로 쾌적해 보이는 환경이었다.

　쭉쭉 뻗은 삼나무길을 따라가니 나무로 된 조형물들이 눈에 들어온다. 나무를 깎아 만든 큼직한 곤충 조각들이 광택을 내고 있었다. 바로 옆으로 목공예 전시관이 보이니, 아마 이곳에서 만든 작품이겠거니 싶었다. 전시관에 들어가자 아기자기한 공예품들이 보인다. 나무를 깎아 만든 새, 나무 위에 조각하여 그린 그림, 익살스러운 표정의 조각상들까지. 소박하면서도 정성과 실력이 느껴지는 작품들이었다.

　3천 원을 내면 직접 간단한 공예품을 만들 수 있는 체험이 가능했다. 작은 나무판 위에 나뭇가지 조각을 붙이고 색깔을 칠하면 나만의

하늘 높이 뻗은 삼나무들이 상쾌한 공기를 내뿜고 있었다.

작품이 만들어진다. 앞서 이곳을 거쳐 간 손님들의 작품이 공예실 곳곳에 전시되어 있었는데, 아주 작은 나무판 위에서 다양한 상상력들이 펼쳐져 있었다. 함께 간 친구와 머리를 맞대고 기막힌 작품을 만들려 고민해보았지만, 창작의 세계는 만만치 않았다. 창의력의 부족을 실감하는 순간이었다.

전시관을 나와 이런저런 수다를 떨며 걷다 보니, 삼나무 풍경은 어느새 곰솔 숲으로 바뀌어 있었다. 일직선으로 가지런하게 자라나는 삼나무와는 다르게, 곰솔은 좀 더 자유롭게 이리저리로 휘어져 나가며 자라나 있었다.

숲길 중간쯤에 다다르니 작은 사찰이 있었고, 그 주위로 수국이 아름답게 피어있었다. 초여름 제주에는 어느 숲이든 수국이 만연해 걸

숲속 샘터는 소리만으로도 갈증을 해소시켜 준다.

어가는 재미를 더해준다. 수국은 자라는 환경에 따라 꽃의 색깔이 달라지는데, 흰색부터 자주색, 파란색까지, 그 변화의 폭이 무궁무진하다. 이곳 절물 자연휴양림에서는 선명한 비취색 수국이 만연해 있었다. 맑은 푸른색 빛깔이 은은하게 사찰과 숲을 장식하고 있었다.

오래 걸은 탓인지 갈증이 나려던 참에, 마침 약수터가 보여 주린 목을 추리고자 하였다. 허나 가는 날이 장날이라 했는가, 가뭄에도 마르지 않는다는 약수터는 수질검사를 위해 이용이 제한되어 있었다. 약수를 마실 수 없다는 아쉬움도 잠시, 약수터 뒤편으로 아름다운 광경을 볼 수 있었다. 숲속 작은 샘물, 그 주위로 이끼를 두른 바위가 동그랗게 놓여있어 마치 애니메이션 '원령공주'에서 나올법한 신비로운 풍경이 연출된다. 샘물 소리와 시원한 바람, 녹색의 풍경이 어우러지니 약수를 마시지 않아도 갈증이 해소되는 듯한 느낌이 든다.

수국과 삼나무가 탐방객의 마지막 길을 배웅해준다.

절물 자연휴양림은 원래 그 규모가 큰 데다 다른 숲으로 이어지는 숲길도 있어, 어느 길을 선택하느냐에 따라 몇 시간 동안 숲길을 걸을 수도 있다. 절물오름을 오르는 절물오름 탐방로, 11km에 달하는 장생의 숲길, 한라생태숲과 연결된 숫모르 편백숲길 등 다양한 코스가 있었지만, 항상 외출 복귀 시간을 생각해야 하는 나로서는 가장 짧은 길인 생이소리길을 택할 수밖에 없었다.

그렇지만 생이소리길도 40분 동안 나름 알차게 숲을 즐길 수 있는 코스이다. 생이소리길에는 이전 코스에서는 볼 수 없었던 다양한 종류의 활엽수들이 서식하고 있었다. 좁은 길 양옆으로 숲이 무성히 자라 있었고, 새와 곤충들이 여기저기로 날아다니며 생동감을 더해주었다. 짧은 코스였지만 밀림을 탐험하는 듯한 느낌을 즐기기에는 충분했다.

생이소리길을 따라 쭉 걸으면 바로 주차장으로도 갈 수 있지만, 이대로 숲을 나오기에는 아쉬워서 다른 길로 빠져 잠시 돌아가기로 하였다. 숲 중앙으로 향하는 이 길에서는 숙박객들을 위한 펜션을 볼 수 있었고, 아이들이 뛰어놀기 좋은 놀이터, 잔디밭 등이 있어 가족이 함께 자연을 즐기기에 좋은 장소였다. 이곳을 지나면 마지막으로 출발지로 돌아가는 직선 코스가 나오는데, 길옆으로 물이 졸졸 흐르며 탐방객을 안내하고 있었다. 날이 더운 탓인지 새 한 마리가 수로에 앉아 몸을 적시고 있었다. 처음 숲을 들어설 때 만났던 삼나무가 다시 모습을 드러내 보이며 우리를 배웅해준다.

서른다섯 번째 외출 : 원시의 흔적
- 거문오름 -

거문오름은 유네스코 세계 자연유산으로 지정된, 이른바 '월드클래스' 오름이다. 화산섬 제주의 지질학적, 생태학적 가치가 잘 보존되어 있어 유네스코로부터 그 중요성을 인정받았다. '월클' 오름인 만큼 특별하게 보존되고 있어, 여느 오름들과 달리 무작정 찾아가 탐방을 할 수는 없다. 일일 입산 인원이 제한되어 있고, 반드시 사전 예약이 필요하다.

그런데 일 년에 단 한 번 있는 거문오름 국제트래킹 기간에 한해서, 일주일간 자유 개방이 이루어진다. 특히 거문오름 국제트래킹 기간에는 평소에는 개방되지 않은 구간인 용암길까지 일시적으로 탐방이 허용된다고 한다. 세계적인 자연유산을 더 깊숙이 탐방할 수 있는 기회라니, 자연스레 내 발걸음은 거문오름으로 향할 수밖에 없었다.

버스정류장에서 내려 10분쯤 걸어 올라가니 여러 행사부스들과 풍물단의 연주가 신명 나는 분위기를 만들어내고 있다. 안내소에 들어가니 간단한 등록절차 후 이름표를 받았다. 이 이름표는 탐방을 끝낸

삼나무 사잇길을 지나 계단을 오르게 된다.

후 다시 반납해야 한다.

　이 지역의 여느 오름들처럼, 탐방의 초입부에서는 길게 늘어선 삼나무들이 나를 반겨준다. 이 삼나무 사잇길을 지나면 금세 전망대 안내표지가 나오고, 가파른 계단을 오르게 된다. 예상보다 수월하게 계단을 오르고 나니 첫 번째 전망대가 보인다. 우뚝 솟은 나무들이 있어 탁 트인 전망은 아니었지만, 저 뒤로 여러 오름들과 한라산을 볼 수 있었다. 이 전망대 이후로는 산의 풍경이 더욱 다채로워진다. 여름의 한가운데서 피어난 여러 활엽수들이 햇빛에 반짝거리고, 군데군데 피어난 들꽃들도 볼 수 있다. 이들은 삼나무들과 번갈아 가며 나타나다가, 어느새 함께 오름의 공간을 채워주며 거문오름 탐방객을 즐겁게 해 준다.

전망대의 평탄한 길을 걷다 보니 벌써 정상 표지가 나온다. 생각보다 싱겁게 끝나는 코스구나, 하며 곧장 걸어가 본다. 이내 두 번째 전망대가 나왔고, 그 후론 완만한 내리막이 이어졌다. 선선한 바람이 부는 가운데 산길의 풍경을 보며 내려오니 어느새 탁 트인 벌판이 나왔다.

사실 거문오름 트래킹은 일반적인 산행과는 달리 정상을 찍는 것이 목표가 아니다. 거문오름의 묘미는 그와 반대로 가장 낮은 곳, 분화구를 탐방하는 데에 있다. 벌판에 설치된 부스에서 휴식을 취하던 사람들은 해설사분의 안내에 따라 분화구 탐방코스로 향하기 시작했다. 분화구 탐방코스는 좁은 숲길을 걷는 것에서부터 시작되는데, 얼마 가지 않아 신비롭게 생긴 바위지형에서 멈춰 서게 된다. 용암협곡이다.

용암이 흐르다가 굳고, 그 길을 다시 용암이 뚫고 지나가면서 용암계곡이 형성된다. 용암이 흘렀다는 사실이 굉장히 중요한데, 그 점이 거문오름의 특별함을 결정짓기 때문이다. 여기서 흘러간 용암들은 사방으로 퍼져나가며 유사한 지형들을 만들어 나갔고, 그것이 바로 세계 자연유산인 거문오름 용암동굴계이다. 아주 오래전 용암의 흐름에 의해 형성된 지질학적 구조 위에 생명들이 살게 되면서, 그 생태적 가치는 더욱 증가하였다.

용암협곡을 따라, 그리고 그 옆에 형성된 삼나무 조림지를 따라 걸어가다 보면 조금씩 분화구의 최저점을 향하게 된다. 완만하게 형성된 분화구이기에 최저점을 가도 풍경의 큰 변화는 없었지만, 걸어온 거리를 가늠해보며 분화구의 크기가 상당히 크다는 것을 실감하게 된다. 분화구가 넓다는 것은, 그만큼 화산 폭발이 거대한 규모와 힘으로 발생했음을 의미한다.

분화구 최저점을 찍고 다시 조금 올라가면 탁 트인 공간이 나온다. 알오름 전망대이다. 알오름이란 '아래 오름'을 뜻하며, 거문오름 분화구 내에 튀어나온 지형을 가리킨다. 보통 전망대라 하면 위에서 아래를 보는 장소를 의미하지만, 이곳 전망대의 목적은 아래에서 위를 보는 것이다. 산행 초입부에서 지나왔던 거문오름 정상부도 저 멀리 어딘가에 있을 것이다.

알오름 전망대를 지나 다시 숲으로 들어가면, 예상치 못한 역사의 흔적을 볼 수가 있다. 결 7호 작전 시 일본군이 썼던 땅굴이다. 모슬포 섯알오름에서도, 송악산에서도, 성산에서도 볼 수 있는 이 땅굴들은, 일본이 2차 대전 당시 최후의 보급 통로인 제주도 사수에 사활을 걸었음을 보여준다. 이 굴들은 조선인을 강제 징용한 흔적이기도 하다. 인간의 흔적 없이 보존되어왔을 것만 같은 세계 자연유산 한가운데에는, 인류가 제 손으로 만든 비극의 흔적이 깊게 박혀있었다.

인간이 만든 상처를 뒤로하고 조금 더 걸어가 보면, 바위 틈새에서 시원한 바람이 불어온다. 숨골이다. 숨골은 화산활동으로 형성된 바위들 사이로 생긴 틈새를 가리키는데, 비가 지하수로 흘러갈 수 있게

용암길은 사람의 발길을 타지 않아 탐방하기 더 어려운 구간이다.

끔 하는 통로가 되어주는 동시에 더운 날에는 습기와 공기를 올려보내 온도와 습도를 일정하게 유지시켜준다. 화산 지형 위에 초목이 자라 형성되는 것이 곶자왈인데, 숨골이 만드는 쾌적한 환경 덕에 곶자왈은 생태계의 보고가 되었다.

분화구 탐방의 마지막 부분에서는 탁 트인 길이 나오는데, 길이 트이게 된 이유는 일본군이 이곳을 병참용 수송로로 썼기 때문이다. 특이하게도 이 길은 용암 터널 위로 형성되어, 아래가 비어있다. 바닥에 발을 세게 구르니 텅 빈 소리가 울린다.

병참도로를 지나면 마지막으로 수직 동굴이 나온다. 보통 동굴은 용암이 흐른 길을 따라 수평방향으로 나기 마련인데, 이곳은 겹층의 동굴이 무너지면서 수직으로 구멍이 형성되었다. 펜스로 막아놓은 구멍을 슬쩍 들여다보니 아주 캄캄해 그 깊이를 가늠하기 어려울 정도였다.

수직 동굴을 마지막으로 분화구 탐방은 끝이 나게 되고, 분화구 탐방로 이후로는 두 갈래 길이 나온다. 그대로 나가는 길이 하나, 용암길로 가는 것이 하나. 비가 내리기 시작해 망설였지만, 용암길은 1년에 한 번만 열리는 길인만큼 그 기회를 차마 놓칠 수가 없었다.

실제로 용암이 흘러갔던 길인 용암길은 평소에는 개방이 제한되어 있는 만큼 사람의 흔적이 훨씬 적었다. 이는 그만큼 길이 다듬어지지 않았다는 의미이기도 하다. 여느 산길보다도 난이도가 높아 최대한 조심조심 걸어가야만 했다. 중간중간 바위틈을 걸어 지나가고, 미끄러운 이끼에 조심하면서, 길옆으로 난 로프에 의지해가며 어렵사리 길을 걸어갔다. 그러는 와중에 비는 점차 거세게 내리기 시작했다. 산길 바닥은 온통 진흙 밭이 되어버렸고 푹푹 잠기는 발을 힘겹게 내디디며 겨우겨우 숲을 빠져나왔다. 다듬어지지 않은 길에 비까지 내리니 이제껏 걸었던 길 중 가장 난이도가 높은 길이었다. 어쩌면 가장 자연 그대로에 가까운 숲길을 걸은 것일 수도 있겠다. 태곳적 모습 그대로의 거문오름 속으로 들어간 셈이다. 세찬 비에 온몸이 젖어버리긴 하였지만, 숲길에 흐른 것이 용암이 아니라 빗물뿐이었다는 사실을 다행이라 여긴다.

서른여섯 번째 외출 : 한라산을 담은 호수

- 사라오름 -

한라산 국립공원에는 길이와 난이도가 다른 총 일곱 개의 등산코스가 있으며, 계절에 따라서도 풍경이 달라진다. 일곱 개의 코스와 네 개의 계절을 어떻게 조합하느냐에 따라 매우 다양한 경관을 즐길 수 있다. 흔히 한라산 등산이라고 하면 정상인 백록담을 찍는 것을 먼저 상상하겠지만, 한라산 구석구석에는 백록담만큼이나 아름다운 경관들이 비밀처럼 숨겨져 있다. 산정호수를 품고 있는 사라오름 역시 그 중 하나이다.

사라오름은 한라산 동쪽 사면부에 위치한 오름으로, 제주에서 가장 높은 오름이다. 한라산 속에 자리잡고 있는 사라오름을 찾아가기 위해선 한라산 탐방로인 성판악 코스를 올라야한다. 백록담 정복을 목표로 하는 등산객들은 새벽부터 출발해야 입산통제가 시작되기 전에 정상에 도달할 수 있지만, 사라오름을 목표로 한다면 보다 느긋하게 출발해도 충분하다.

여름의 아침 햇살을 받은 한라산의 숲길은 녹색으로 반짝이고 있었

출발점에서 2시간 정도 올라가면 사라오름 전망대 표지판이 나온다.

다. 항상 겨울에만 성판악 코스를 찾았던 나에겐 푸르른 숲길마저 새롭게 느껴졌다. 산이 주는 특유의 선선한 포근함이 여름의 열기를 달래주고 있었다.

성판악 코스는 백록담까지 4시간 반 정도가 소요되는 코스이고, 사라오름은 코스의 중간 지점에 위치해 있다. 그러니까 대략 2시간가량 소요되는 셈이다. 산길은 완만하기에 등반에는 큰 어려움이 없으니, 120분 동안 부지런히 다리만 움직이면 된다. 물론 그게 마냥 쉬운 일은 아니지만 말이다.

다행히 한라산의 풍경은 2시간 걷기의 지루함을 달래주기에 충분하다. 녹음이 짙은 나무들 아래로 이끼 낀 돌들이 보인다. 바위 틈새로 군데군데 물이 고여 있어 며칠 전 비가 왔다는 사실을 상기시켜준다. 사라오름 호수는 날씨 조건에 따라 수위가 달라지기 때문에 운이 안 좋으면 호수를 못 볼 수도 있는데, 산길 속 개울들을 보니 다행히 그런 일은 없을 듯하다.

휴게소를 지나 40여 분을 더 올라가니, 사라오름 전망대를 가리키는 표지판과 함께 갈림길이 나온다. 그대로 쭉 직진하면 백록담까지 가는 길이고, 사라오름을 가기 위해선 표지판을 따라 계단을 올라야 한다.

경사진 계단을 따라 굽이굽이 올라가보니, 드디어 사라오름 호수 풍경이 펼쳐진다. 엊그제 비가 많이 왔던 것에 비해 수위가 그리 높은 편은 아니었지만, 그럼에도 물이 꽤 고여 아름다운 풍경을 연출하

산 속의 호수 위로 주위의 풍경이 비치고 있다.

고 있었다.

평상에 앉아 천천히 호수를 감상해본다. 바람이 잔잔하게 불어 호수 표면 역시 미세하게 떨리고 있었다. 초점을 잡기 위해 화면이 이리저리 흔들리는 카메라 렌즈처럼, 사라오름 호수 표면 역시 얕은 물결이 이어지며 산의 풍경이 담길 듯 말 듯하고 있었다. 렌즈 표면을 닦아보려 입김을 내는 것인지, 갑자기 물안개가 피어나 호수를 뒤덮는다. 안개가 가린 호수에는 어두운 그림자만이 비추고, 풍경에는 신비로움이 더해진다. 몇 분 후 물안개는 잦아들고, 호수 표면의 떨림도 잠잠해진다.

호수에 비친 주위 풍경을 바라보며, 호수 둘레를 따라 걸어 들어간다. 그렇게 호수 반대편에 도착하면, 다시 전망대로 향하는 계단이 나온다. 구름과 안개가 많이 낀 탓에 광활한 풍경을 볼 수는 없었지만, 안개 낀 한라산을 내려다본다는 것은 나름 운치 있는 구경이었다. 전망대 구경을 마치고 내려오니 호수의 렌즈는 초점 조절을 끝내고 산의 풍경을 그대로 찍어내고 있었다.

서른일곱 번째 외출 : 담수에서 해수로

– 작가의 산책길 –

습관처럼 지도 어플을 켜고, 제주도 이곳저곳을 확대해본다. SNS에 올라오는 사진을 보며 요즘은 어디가 인기가 많은지를 확인하고, 블로그를 뒤져 언제쯤 가야 가장 아름다운지를 조사한다. 그렇게 습관처럼 매주 외출 계획을 짜나갔더니, 어느덧 군대에서의 마지막 외출 날이 찾아왔다.

정말 많이 돌아다녔지만, 여전히 제주에는 볼거리가 많이 남아있었다. '다음 주에 또 오면 되지'라는 말이 더는 유효하지 않게 된 상황에서, 마지막으로 발걸음을 향한 곳은 서귀포 원도심이었다. 여태까지도 나의 리스트에 남아있던 천지연폭포, 정방폭포 그리고 이중섭 거리까지 원도심 동네에 모두 모여 있었기에 여유 있게 걸어다니며 마지막 여행을 즐기고자 하였다.

서귀포 구도심을 가로지르는 이날의 동선은 천지연폭포에서 시작되었다. 버스정류장에서 내려 지도가 가리키는 방향으로, 숲길을 지나 골목길을 지나 걷다 보니 어느새 눈앞에는 바다가 펼쳐져 있다. 저

천지연폭포는 마치 동양화 전시관과 같은 인상을 준다.

멀리 서귀포의 대표적인 다리인 새연교가 보이고, 그 앞으로는 작은 배들이 여러 대 정박해 있다. 천지연폭포를 찾는 방문객들은 이런 해양도시의 풍경을 눈에 담으면서, 그 자신도 작은 다리를 건너가게 된다. 칠십리교라는 다리인데, 아주 짧고 평범한 다리이지만 물을 가로질러 간다는 것만으로 특별한 세계에 들어서는 느낌이 든다.

천지연폭포를 보기 위해서는 입구에서 난대림을 따라 꽤 걸어가야 한다. 빽빽하게 들어선 숲은 한여름의 뜨거운 햇볕도 막아내 주었고, 그 아래로 서늘한 산책로가 펼쳐졌다. 난대림 옆으로는 폭포에서 흘러왔을 물이 쉼 없이 흐르며 폭포 풍경에 대한 예고편이 되어준다. 푸른 숲과 맑은 물을 따라 조금 더 걸어가니 저 앞에서 세차게 흐르는 물줄기가 보인다. 천지연폭포다.

이전에 보았던 천제연폭포가 세 단계에 걸쳐 물이 흐르는 거대한 스케일로 시선을 사로잡는 폭포 왕국이었다면, 천지연폭포는 하나의 동양화 전시관 같은 인상을 준다. 규모는 작지만 특유의 고풍스러움이 있다. 마치 미술관에 간 것처럼, 난대림 길을 따라 관람하듯 걸어가다 마지막에 가장 아름다운 작품을 만나 한참을 감상하게 된다. 계곡의 바위와 그것을 덮은 푸른 숲은 폭포 풍경에 신비로움을 더해준다. 네 줄기로 떨어지는 폭포는 저마다 물줄기의 폭과 투명도가 다른데, 이들은 각자 제각기 떨어지는 듯하면서도 네 줄기 간에 묘한 조화를 이루기도 한다. '한 폭의 산수화 같다'라는 뻔한 표현이 떠올랐다가, 내 눈 앞에 펼쳐진 산수는 소리도 나고 온도도 느껴지기에 그림의 차원을 넘어서 있다는 것을 새삼 깨닫는다.

아름다운 폭포 풍경을 눈에 담아둔 채, 다음으로 향한 곳은 이중섭 거리이다. 천재 화가 이중섭이 한국전쟁 시기 제주로 피난했던 시절 머물렀던 집을 중심으로 조성된 이중섭 거리는, 이중섭이라는 예술가를 기리는 공간으로 시작하여 서귀포 문화 예술 활동의 중심지로 발전해나가고 있다.

서귀포시는 '작가의 산책길'이라는 공공미술 거리를 조성하여 서귀포와 인연을 맺고 있는 예술가들의 이야기를 하나의 길로 꿰어내고 있는데, 산책길의 출발지가 바로 이중섭 거리이다. '작가의 산책길'

이중섭의 제주살이는 힘겨운 시간이었지만, 가족과 함께였기에 행복한 시간이기도 하였다.

프로젝트는, 이중섭 미술관을 비롯해 소암기념관, 기당미술관 등 서귀포 원도심에 있는 여러 미술관 건물을 연결하는 길 위에 여러 조형 예술품들을 배치하여 거리 전체를 지붕 없는 미술관으로 만들고 있었다.

이중섭을 테마로 한 조형 작품들이 거리 곳곳에서 보이는 가운데, 이중섭이 실제 거주했던 집을 가리키는 표지판이 보인다. 표지판을 따라가니 아주 작은 초가집이 나온다. 1평을 간신히 넘긴 작은 방. 전쟁은 예술가를 섬으로 내보냈고, 그의 생활을 가난하고 궁핍하게 만들었다.

그러나 그의 마음마저 궁핍해진 것은 아니었다. 서귀포 피난시절 이중섭의 곁에는 가족이 있었고, 그는 어느 때보다도 행복한 그림을 그

렸다. 서귀포에서의 시간은 전쟁 이후 유일하게 아내와 아이들과 함께할 수 있던 시간이었기에, 이 시절의 기억은 이후의 작품세계에 큰 영향을 미친다. 생활고로 인해 이중섭은 부산으로, 가족들은 일본으로 가며 가족이 흩어진 이후 서귀포 시절에 대한 기억은 이중섭에게 추억 속 유토피아로 남았고, 그는 섬, 게, 아이들을 그리며 행복했던 시절을 몇 번이고 화폭에 담아내었다.

이중섭 거주지 옆으로는 이중섭 미술관이 있어 그의 생애와 작품세계에 대해 더욱 자세히 들여다볼 수 있다. 전쟁통에서도 예술 활동을 멈추지 않았던 그는, 40년의 짧은 생애에도 불구하고 많은 작품들을 이 세상에 남겼다. 그는 다양한 작품 양식을 활용하였지만, 그중에도 특히 담뱃갑 속 은지에 그려낸 은지화가 그의 삶을 가장 잘 보여준다. 전쟁으로 재료가 부족한 궁핍의 상황 속에서, 가장 실험적이고 창의적인 방법으로 작품 활동을 이어나간 것이다. 은박을 파내 그린 은지화와 더불어, 종이를 아껴 앞뒤로 그린 양면화, 제주 시절 이웃들에게만 이례적으로 그려준 초상화 등이 비운의 삶 속에서 끊어지지 않은 그의 예술혼을 잘 보여준다.

이중섭의 가족 이야기를 들여다보는 것도 흥미롭다. 아내에게 그린 엽서화, 아이들을 그린 은지화를 보면 가족을 향한 이중섭의 애틋한 사랑이 숨김없이 드러나는 듯하다. 이중섭이 아내에게 보낸 편지도 전시되어 있다. 이중섭은 아내 이남덕 여사를 '아스파라가스'라는 애칭으로 불렀고, 아내는 그에게 '아고리'라는 애칭을 붙여 편지를 주고 받았다. 아고리가 아스파라거스에게 부친 편지의 내용이 참으로 낭만적이다. 아무래도 그는 붓뿐이 아니라 펜으로도 사랑을 그려낼 줄 아는 예술가였던 것 같다.

'예술은 무한한 애정의 표현이오. 참된 애정의 표현이오. 참된 애정에 충만함으로써 비로소 마음이 맑아지는 것이오. … 참으로 나만의 아스파라가스군의 사진을 이 아고리는 보고 싶소'

이중섭 미술관을 나와 정방폭포로 가는 길 역시 '작가의 산책길'의 일환으로, 길 곳곳에서 여러 예술 작품들을 볼 수 있다. 그중에서도 특히 자구리 해안을 따라 조성된 자구리 문화예술공원이 가장 대표적인 코스이다. 이중섭이 제주살이 시절 종종 산책을 오곤 했던 자구리 해안가에, 이제는 현대의 작가들이 만든 조형예술 작품들이 전시되어 있으며 각종 문화예술 활동을 위한 공간으로도 활용되고 있다.

자구리 해안선을 따라 쭉 올라가면 서복전시관이 나온다. 서복전시관은 진시황의 명을 따라 불로초를 찾기 위해 제주도를 찾았던 서복이라는 인물의 이야기를 다루고 있다. 서복은 정방폭포 해안가를 통해 제주를 오갔다고 하며, '서복이 서쪽으로 돌아간 포구'라는 데서 서귀포라는 지명이 유래되었다고 한다.

서복전시관 옆으로 난 길로 더 깊숙이 들어가면, 드디어 정방폭포

자구리 문화예술공원에는 여러 조형예술 작품들이 전시되어 있다.

가 등장한다. 정방폭포의 가장 독특한 점은, 바다와 바로 맞닿아 있는 폭포라는 점이다. 산의 물이 흘러 흘러 바다로 향하는 당연한 자연의 흐름을, 가장 역동적이고 극적으로 보여주는 장소가 아닐까 싶다. 이 제껏 가본 폭포 중 물줄기에 가장 가까이 다가갈 수 있는 폭포라는 점 역시 인상적이다. 폭포수가 묵직한 소리를 내며 눈앞에서 떨어진다. 그 과정에서 튀어나오는 물방울의 양 역시 상당하여 주변 공기의 감 촉마저 바꾸어내고, 그것이 바닷물과 섞이며 특유의 향이 잔잔하게 풍긴다. 폭포와의 거리가 가까운 만큼이나 물줄기는 오감을 더욱 강 렬하게 뒤흔든다. 긴 여행의 마지막 장소라고 생각하니, 왠지 모를 여 운이 겹치며 폭포를 한참 동안 바라보게 된다.

정방폭포는 바다와 바로 맞닿아 있는 폭포라는 점에서 독특하다.

굽이굽이 산길을 거쳐 여정을 마친 물은 폭포수를 통해 바다로 향한다. 폭포를 거치며 물의 신분은 한순간에 뒤바뀐다. 담수에서 해수로. 담수이면서 해수인 순간은 없다. 잠시 전까진 완전히 담수였던 것이, 폭포 아래로 떨어지면 완전히 해수가 된다. 전역하는 것이다. 군인에서 민간인으로. 예정된 날짜에 시계가 땡 하고 울리면, 산을 헤쳐나가던 담수의 시간은 끝난다. 이제 해수의 시간이다. 담수가 거쳐 온 지루한 산길은 기어코 끝을 맞이하였지만, 이제 바다가 펼쳐진다. 그리고 바다에는 길도 없고 끝도 없다. 자유로운 항해와 아득한 표류는, 한 끗 차이이다. 다음 여행은 항해일까, 표류일까.